IHR KRIEGT MICH NICHT!

Mikael Engström

Die Seiten- und Zeilenangaben beziehen sich auf folgende Ausgabe:

Mikael Engström
Taschenbuch
Ihr kriegt mich nicht!
dtv Verlagsgesellschaft
336 Seiten
ISBN 978-3-423-62492-3
Bestell-Nr. TBIhrkriegt

Lehrerheft

Silke Küsters

Krapp & Gutknecht

Inhaltsverzeichnis

Der Downloadbereich zum Lehrerheft

- Leistungsmessung
    - Fragen zum Inhalt
    - Schreibaufgabe – Mik schreibt in sein Tagebuch
    - Schreibaufgabe – Lena schreibt in ihr Tagebuch
    - Schreibaufgabe – Bengt schreibt seinem Bruder einen Brief
    - Schreibaufgabe – Innerer Monolog von Pi
- Einen Brief schreiben
- Schreibkonferenz zum Brief
- Einen Tagebucheintrag schreiben
- Schreibkonferenz zum Tagebucheintrag
- Einen inneren Monolog schreiben
- Bewertungskriterien Brief
- Bewertungskriterien innerer Monolog
- Bewertungskriterien Tagebucheintrag
- Lesetagebuch
- Inobhutnahme
- Astrid Lindgren

Vorwort

Ihr kriegt mich nicht! von Mikael Engström ist ein vielschichtiger Roman, da er viele Jugendliche durch seinen besonderen Protagonisten Mik anspricht.
Wie auf dem Klappentext bereits angekündigt, erzählt dieser Roman eine bewegende Geschichte: Sie handelt vom Tod eines Angehörigen, Alkoholismus in der Familie, mangelnder Fürsorge, dem Verlust des Zuhauses, sozialen Milieus, dem Leben in einer Pflegefamilie, Gewalt und Verstößen gegen Rechte und Gesetze – aber auch von der Identitätssuche, ersten Liebe und Freundschaft. So kann man sich gut in Mik und seine Weggefährten hineinversetzen und mit ihnen einiges erleben.

> „»Es gibt immer eine Wahl, und *du* entscheidest. […] Du existierst, also entscheidest *du*.«"
> (Tabaksfrau, S. 40)

Genauso erlebt es Mik, denn er begibt sich dabei nicht nur auf eine Reise durch Schweden, sondern auch auf eine Reise zu sich selbst.
Behutsam und auf besondere Weise schafft es der Autor, Miks oft sehr trauriges und einsames Leben so zu schildern, dass wir beim Lesen nachempfinden können, wie diese fiktionale Geschichte durchaus die bedrückende Realität von manchen Kindern sein kann. Engström gibt uns dabei einen glaubhaften Einblick in die Gefühlswelt eines Elfjährigen, der seine oft ausweglose Situation mit der Einsamkeitsschlange austrägt und sich zunehmend durchsetzt und zu behaupten lernt.

Mikael Engström wurde in seinem Heimatland Schweden für *Ihr kriegt mich nicht!* mit der Nils-Holgersson-Plakette 2008 ausgezeichnet und 2010 für den Deutschen Jugendliteraturpreis nominiert.

Ihnen und Ihren Schülerinnen und Schülern wünsche ich ein sich einprägendes Leseerlebnis und ganz viel Sympathie für Mik und seine Situation.

Silke Küsters

Symbole als Orientierungshilfe

Als Orientierungshilfe enthält das Schülerarbeitsheft am Rand folgende Symbole:

- **Downloadbereich**
- **Leseauftrag**
- **Nutze dein Schreibheft**
- **Schreibaufgabe**
- **Gruppenarbeit**
- **Partnerarbeit**
- **Figurenseite**
- **Internetrecherche**
- **Kreativaufgabe**
- **Reiseroute (Karte auf S. 64)**

S. 12 Dieses Symbol verweist auf die Seite im Schülerarbeitsheft.

Silke Küsters
Schülerarbeitsheft
Ihr kriegt mich nicht!
Krapp & Gutknecht Verlag
65 Seiten
ISBN 978-3-96323-177-3
Bestell-Nr. S2177

Die Seiten- und Zeilenangaben beziehen sich auf folgende Ausgabe:

Mikael Engström
Taschenbuch
Ihr kriegt mich nicht!
dtv Verlagsgesellschaft
336 Seiten
ISBN 978-3-423-62492-3
Bestell-Nr. TBIhrkriegt

Inhalt des Romans

Der Roman ist in fünf Teile gegliedert und wechselt sich sowohl in den Schauplätzen als auch in der Erzähltechnik ab. Besonders der dritte Teil „Das Zombiebuch" weicht dabei stark von den anderen Teilen ab, weil hier in Form eines Tagebuches aus der Innensicht Miks erzählt wird.

Im ersten Teil „Die Schlange" erfährt man, in welch schwierigen Verhältnissen der elfjährige Mik bei seinem alkoholkranken Vater und dem kleinkriminellen Bruder in Stockholm aufwächst. Dabei spürt man als Leser deutlich, dass Mik damit überfordert ist und sich oft einsam fühlt. So wirft er mit Steinen auf Obdachlose und ist auch bereit, beim Schulschwimmen zu springen, obwohl er gar nicht schwimmen kann. Mit seinem großen Bruder Tony, der bald 17 Jahre wird, versucht er, den Alltag zu meistern, doch als dieser genug vom betrunkenen Vater hat und geht, bleibt Mik allein mit seinem Vater zurück. Das Sozialamt Solna schaltet sich ein, lässt den Vater in eine Klinik bringen und stellt Hilfe in Aussicht.

Im zweiten Teil „Das Eisland" wird Mik zu seiner Tante Lena nach Selet in Nordschweden geschickt. Sie ist die Schwester von Miks Vater und lebt unter ganz anderen Umständen, als Mik es gewohnt ist. Er spürt deutlich, dass man es hier gut mit ihm meint und sich nun jemand wirklich um ihn kümmert und ihn wahrnimmt. Offen berichtet sie ihrem Neffen von ihren eigenen Alkoholproblemen in der Vergangenheit und ermöglicht ihm damit einen völlig neuen Blick auf seinen Vater. Im Dorf selbst findet er schnell Anschluss, dabei mag er besonders die gleichaltrige Pi, die auf besondere Weise eine emotionale Nähe zulässt. Von den direkten Nachbarn schließt Mik sehr schnell mit Bengt eine Freundschaft, der ihn zum Angeln mitnimmt. Das Naturschauspiel in Nordschweden und der gefrorene See sind völlig neue Erfahrungen für Mik. Er fühlt sich zunehmend wohl und ist sichtlich zerrissen, als er erfährt, dass er zurück zu seinem Vater soll.

„Das Zombiebuch" ist der dritte, sehr kurze Teil des Romans, der als Tagebuch aus der Sicht von Mik erzählt wird. Er ist zurück bei seinem Vater in Stockholm, doch schon bald wird klar, dass dieser den Alkoholismus nicht besiegt hat und immer noch schwer krank ist. Mik vereinsamt zunehmend, da er das Leben bei Tante Lena und seine Freundin Pi vermisst. Verstärkt wird dies dadurch, dass sich das Verhältnis zu seinem Bruder drastisch verschlechtert. Er sehnt sich zurück nach Selet zu Lena.

Nachdem Mik für drei Monate bei seinem Vater gelebt hat, wird er im vierten Teil „Die Plagegeister" entgegen seinem Wunsch und dem Versprechen, das man ihm gab, zu Pflegeeltern nach Bro gebracht. Dort ist es für Mik entsetzlich in vielerlei Hinsicht. Er hat sehr große Angst vor Hunden und muss diese nun füttern und die Zwinger saubermachen. Man spannt ihn auch zu anderer Arbeit ein und er wird förmlich ausgebeutet. Darüber hinaus behandeln ihn die einzelnen Familienmitglieder sehr schlecht. Man sperrt ihn nachts in sein Kellerzimmer ein und er leidet unter den Bosheiten dieser „Plagegeister", wie er sie nennt. Er versucht, mit Briefen Kontakt zu seinem Bruder aufzunehmen, doch ohne Erfolg. Als er von Louise, der Tochter der Pflegeeltern, ausgepeitscht wird, flieht er mit dem Zug nach Stockholm. Er muss feststellen, dass sein Zuhause nicht mehr existiert und als er nach einem Diebstahl von der Polizei festgesetzt wird, bringt man ihn wieder zu der Pflegefamilie zurück. Der Pflegevater Rikard macht Mik für den Tod seines Lieblingshundes verantwortlich. Wieder erhält er eine harte Strafe und flieht erneut, jedoch diesmal nach Selet zu Tante Lena.

Im fünften und letzten Teil „Das Floß" hat Mik Unterschlupf bei Tante Lena gefunden. Mit seinen Freunden Pi, Oskar und Filip baut er ein Floß und sie versuchen, Mik das Schwimmen beizubringen, da sie sich gemeinsam bereitmachen für eine Flucht vor dem Sozialamt. Mit ihrem lebensgefährlichen Fluchtversuch gewinnen sie zunächst Zeit und Mik kann weiter bei Tante Lena bleiben. Nun wird er auch von Tony besucht, der mittlerweile eine Gefängnisstrafe ableisten muss. Als jedoch Tante Lenas Versuch, die Vormundschaft für Mik zu beantragen, abgelehnt wird, erscheint das Sozialamt erneut und möchte Mik aus der Schule in Obhut nehmen. Mik flieht, bricht ins Eis ein und wird von seinem guten Freund Bengt gerettet.

Wichtige Ereignisse im Buch

Miks Bauchschmerzen		**Miks Familie/Pflegefamilie***		**Ereignisse in Selet**	
Schlange 1	S. 15	Vater = Spaten	S. 28	Tante Lena	S. 73 f.
Schlange 2	S. 23	Vaters Sucht	S. 183	Lena + Weihnachten	S. 152
Schlange 3	S. 29	Gemein zu Vater?	S. 190	Lena + das Amt	S. 318
Schlange 4	S. 43				
Schlange 5	S. 53	Zombie	S. 11	Strömungsbrunnen	S. 125
Schlange 6	S. 59	Zombie	dritter Teil	Strömungsbrunnen	S. 324
Schlange 7	S. 152			Strömungsbrunnen	S. 327
Schlange 8	S. 301	Miks Familienname	S. 188	Messer	S. 125
		*Mik in der Hölle	S. 204	Messer verloren	S. 330
Das Sozialamt		*Mik pinkelt (Hunde)	S. 208	Mik + Schwimmen	S. 37
Papagei 1	S. 45	*Mik pinkelt (Dose)	S. 226	Mik + Schwimmen	S. 253
Papagei 2	S. 57			Miks Schwimmkurs	S. 257 f.
Papagei 3	S. 164	Tony	S. 18	Miks Schwimmtraining	S. 276
Papagei 4	S. 170	Tony + die Polizei	S. 56	Mik schwimmt	S. 301
Papagei 5	S. 191	Tony wütend	S. 176	Die Flucht	S. 280 ff.
Papagei 6	S. 195	Tony nicht zu Hause	S. 179		
Papagei 7	S. 278	Tony schlägt Mik	S. 186	Pi	S. 69
Papagei 8	S. 320 ff.	Tony Wiedersehen	S. 307	Ohrläppchen	S. 93
		Tony + Briefe	S. 311	Katzenfabrik	S. 113
				Katzenfabrik AUS	S. 167
				Geschenke für Mik	S. 154

Didaktische Hinweise und Vorschlag zur inhaltlichen Differenzierung

Die Schülerinnen und Schüler lernen bei der Arbeit mit der Lektüre, sich in verschiedene Protagonisten und Situationen hineinzuversetzen. Sie erschließen sich diesen fünfteiligen Roman durch Inhaltsfragen zu Beginn jedes der 35 Kapitel. Zudem erstellen sie zu jedem der fünf Teile eine Figurenkonstellation, um die wechselnden Schauplätze inhaltlich besser zu sichern.

Weiterhin trainieren sie im Hinblick auf eine spätere Abschlussprüfung schon jetzt das vertiefende Erschließen des Inhalts durch weitere Aufgaben und Fragen und üben das produktive Schreiben aus dem Blickwinkel verschiedener Protagonisten durch zahlreiche Schreibaufgaben.

Da es recht umfangreich ist, 35 Kapitel mit den Inhaltsfragen zu beantworten, könnten diese auch als Arbeit aufgeteilt werden, sodass immer unter der Lerngruppe abwechselnd eine Lösung erstellt wird, die dann die anderen übernehmen dürfen.

Sicherlich ist jedoch gerade bei Schülerinnen und Schülern der Hauptschule so, dass diese Fragen nach: „Wer tritt auf?", „Wo spielt die Handlung?", „Was geschieht" und „Wichtige Beobachtungen?" helfen, die ständig wechselnden Schauplätze und Protagonisten besser zu überblicken.
Daneben bietet es sich auch an, ein Lesetagebuch/Lesebegleitheft anlegen zu lassen: Vorschläge zu den Ausgestaltungen finden Sie im Downloadbereich.

Ebenso ist es ein schöner Zugang, eine Lisum Leserolle anlegen zu lassen. Der Landesbildungsserver in Berlin stellt diese Leserolle als eine Weiterführung eines Lesebegleithefts vor, mit der man längere Phasen selbstständigen Arbeitens dokumentieren kann.[1] Diese Leserolle könnte aber auch thematisch verschieden sein: Alkoholismus, Freundschaft, Mik und seine Familie.

Einsatz des Hörspiels

Mikael Engström
Hörspiel
Ihr kriegt mich nicht!
Der Audio Verlag
2 Audio-CDs
ISBN 978-3-86231-004-3
Bestell-Nr. HörIhrkriegt

Auch der Einsatz des Hörspiels ist denkbar, da man mit diesem gerade dann, wenn es um Miks Gefühle geht, einen zusätzlichen Zugang erfährt. Die Schwierigkeit ist hier allerdings, dass die Tracks nicht mit den Kapiteln übereinstimmen und manche Kapitel sogar auslassen oder die Reihenfolge ändern, weil die Kapitel anders zusammengefasst werden. Gerade die Trunkenheitsszenen mit dem Vater werden phasenweise weggelassen. Auf der zweiten CD sind die Kapitel der Plagegeister in einer anderen Reihenfolge zusammengefasst, was die Ereignisse betrifft. Daher muss man genau aussuchen, welchen Part man vorspielen möchte. Hier empfiehlt es sich, nur Sequenzen zu wählen. Es fehlt beispielsweise auch Miks erste Flucht nach Stockholm.

Gut dargestellt sind allerdings folgende Themen:

- **Kapitel 3** Die Schilderung über seine Mutter und der Schwimmtest – CD 1 Track 2
- **Kapitel 4** Die Schlange Einsamkeit – CD 1 Track 3
- **Kapitel 7** Tante Lena lacht oft – CD 1 Track 5
- **Kapitel 8** Ohrläppchen & Miks Gefühle – CD 1 Track 06
- **Kapitel 11** Der Sternenbrunnen & Miks Fang – CD1 Track 08
- **Kapitel 14** Lena und der Alkohol – CD 1 Track 10
- **Kapitel 16** Mik wird abgeholt – CD 1 Track 11
- **Dritter Teil** Das Zombiebuch wird als Hörspiel gelöst – CD 2 Track 1
- **Kapitel 32** Der Besuch von Tony – CD 2 Track 08
- **Kapitel 35** Mik unter dem Eis – CD 2 Track 10

1 vgl. https://bildungsserver.berlin-brandenburg.de/leserolle (20.10.2021)

Grundsätzlich könnte man das Hörspiel auch so nutzen, dass die Lerngruppe den Track anhört und dann die Leerstellen durch einen Comic inhaltlich ergänzt.

Der Roman wurde mittlerweile auch verfilmt. Leider ist die Verfilmung bisher nur auf Schwedisch unter dem Titel *Isdraken* erschienen.

Methodische Vorschläge

Einige Szenen lassen sich als Standbilder darstellen. So könnten die Gefühle von Mik und Tante Lena, als er abgeholt wird, um zum Vater zurückzugehen, sehr gut visualisiert werden. Ebenso anbieten würde sich Miks Gefühlslage in der Nähe von Pi. Die Schülerinnen und Schüler könnten sich hier selbst Situationen wählen, um einen Lebensbereich von Mik genauer zu betrachten.

Ebenso wäre es denkbar, dass Mik mit bestimmen Personen in einem szenischen Spiel in einen Dialog kommt. Redebedarf gibt es sicherlich zwischen ihm und Tony, aber auch zwischen Mik und seinem Vater.

Fächerübergreifend

Es ist außerdem möglich, das Thema Alkoholismus im Fach Biologie zu erarbeiten, um durch ein fundiertes Wissen beschriebene Szenen im Buch besser zu erarbeiten. So könnte man sich auch über Suchtberatung und Hilfen für Angehörige informieren. Dies könnte auch durch Kurzreferate von Einzelnen vorbereitet und auf einer Info-Wand im Klassenraum als Hintergrundwissen dargestellt werden.

Im Fach Geografie könnte das Leben in Schweden betrachtet werden und auch hier Sachwissen mit Kurzreferaten erweitert werden, um die beschriebenen Lebensumstände besser einschätzen zu können.

Weiterhin könnte man das Fach Bildende Kunst einbeziehen, wenn man die fünf Teile des Romans in Stationen darstellen ließe und damit Miks Gefühlslage zeigt oder Szenen aus dem Buch zeichnerisch als Graphic Novel festhält.

Lösungsvorschläge zum Schülerarbeitsheft

Vor dem Lesen

S.4

Individuelle Lösung

Erste Begegnung mit dem Roman

S.5

Individuelle Lösung

Den Inhalt erschließen und sichern

Erster Teil – Die Schlange (S. 5–60)

S.6

1 Der Stein | S. 7–18

Wer tritt auf: Mik, seine Lehrerin Frau Lind, die Obdachlosen

Wo spielt die Handlung: in der Schule

Was geschieht: Mik wird wegen seiner Größe aufgezogen. Er bewirft in der Pause Obdachlose mit Steinen und trifft einen am Kopf. Dieser kommt in die Schule und beschwert sich, deshalb muss Mik zum Direktor.

Wichtige Beobachtung: Er hat ein Handy, das nicht funktioniert. Mik wird vom Direktor ermahnt; die Klassenlehrerin spricht ihn auf seine Zeichnungen an, im Tabakladen bekommt er Bitterschokolade.

➲ Aufgabe

e) Tengil ist der Tyrann aus *Die Brüder Löwenherz*, er versucht, das Land Nangijala zu erobern.

f)

Mik	Die drei Freunde	Die Obdachlosen	Der Rektor	Frau Lind
Verhalten: wirft Steine, schreit, beleidigt, zerstört Zelle, trifft Obdachlosen, rennt weg **Haltung:** aggressiv, wütend, ablehnend	**Verhalten:** machen zunächst mit **Haltung:** geben auf; Ploppy versucht Mik davon abzuhalten, weiterzumachen	**Verhalten:** rühren sich zunächst nicht; einer fällt nach dem Treffer um **Haltung:** zeigt auf Mik, dass er geworfen hat	**Verhalten:** kommt in die Klasse, um Mik und seine Freunde zur Rede zu stellen **Haltung:** aufgebracht, empört	**Verhalten:** befragt Mik und spricht mit ihm über seine Situation **Haltung:** macht sich Sorgen wegen der Bilder; will wissen, wie es zu Hause ist

S.7

2 Der Pirat | S.18–25

Wer tritt auf: Mik, Tony, Bedienung im *Pirat*, Vater

Wo spielt die Handlung: zu Hause und in der Kneipe *Zum Piraten*

Was geschieht: Mik boxt sich daheim mit seinem Bruder Tony nicht zum ersten Mal; Mik schaut Zombiefilme; Telefon klingelt, Vater ist im *Pirat* abzuholen

Wichtige Beobachtung: Tony kümmert sich um vieles; verlangt von Mik, dass er niemandem aufmacht; müssen den betrunkenen Vater abholen, nicht zum ersten Mal

Aufgabe

d) Als das Telefon zu Hause klingelte, wollte **Mik** den Hörer abnehmen. Die beiden Brüder **wussten**, wer anrief. Sie gingen **zum Piraten** und mussten nach unten ins Kellergewölbe, vorbei an drei **Totenschädeln**. Nach kurzem Suchen fand Tony ihren **Vater**. Er war laut rufend **zusammengebrochen** und Tony musste ihn wachschütteln, damit er mit nach Hause kam.

SCHREIBAUFGABE 1

Individuelle Lösung. Wenn man keine größeren Geschwister hat: immer für mich da sein, zuhören, zusammenhalten, miteinander Spaß haben, als größerer Bruder/größere Schwester auf die Kleineren aufpassen ...

S.8

3 Der Schwimmtest | S.26–39

Wer tritt auf: Schulpsychologin Lisa Nordahl, Mik, Miks Klasse, der Sportlehrer Ivan, genannt Iv

Wo spielt die Handlung: im Büro von Frau Nordahl, in der Schwimmhalle

Was geschieht: Im Büro von Frau Nordahl soll Mik über seine Zeichnungen sprechen; er wird auch nach seinem Vater gefragt und denkt dabei an einen Spaten; man erfährt etwas über die Einsamkeitschlange; Mik erzählt von einem schönen Ausflug von früher; beim Schwimmen ertrinkt er beinahe, Iv rettet ihn.

Wichtige Beobachtung: Er denkt über seinen betrunkenen Vater nach. Seine schöne Erinnerung dreht sich um einen Rummelplatzbesuch mit seiner Mutter. Beim Schwimmen gibt er nicht zu, nicht schwimmen zu können. Ploppy möchte Mik auch mal besuchen

Aufgabe

b) Sie unterhalten sich über seine Horror-Zeichnungen und seine familiäre Situation, weil Frau Lind nach dem Vorfall mit den Obdachlosen besorgt ist und Mik zu Lisa Nordahl geschickt hat.

c)

Gedanken

Vater entweder betrunken, verkatert oder beides gleichzeitig; verspricht oft, aufzuhören; überall stehen Flaschen

Gefühle

hasst Vater nicht, Tony hasst ihn aber; etwas gleichgültig; vergleicht seinen Vater mit einem Spaten

d)

Verhalten des Vaters	Versprechen des Vaters
• schlägt nicht, weint aber viel • sehr oft betrunken oder verkatert • höhnisches Grinsen • Geschrei • hat überall Flaschen gebunkert	• verspricht immer wieder, aufzuhören → wird immer abgelöst davon, dass er nicht mehr kann und der Alkohol ihm den Tag verkürzt

f)

Mamas letzter Ausflug auf den Rummelplatz:

- auf dem Rummelplatz: Wirbelwind, Kettenkarussell und Tintenfisch gefahren, Lose bekommen und grünen Hund gewonnen
- auf dem Heimweg vom Rummelplatz: Schmerzen in der Brust, Heimweg zu lang und zu steil, letztes Mal gelacht und rausgegangen

h)
- Mik möchte nicht als Einziger ins Kinderbecken.
- Die Situation ist etwas peinlich, weil alle anderen scheinbar schwimmen können.
- Er will nicht als Verlierer vor seiner Klasse dastehen.
- Sein Äußeres überzeugt ihn selbst nicht, er will nicht noch mehr Schwäche zeigen.
- Es ist ihm auch egal, ob er ertrinkt, er würde nur bedauern, wenn er Tony nicht mehr sieht.

i) von der Frau im Tabakladen

j) Er war davor schon beim Gespräch bei Frau Nordahl, vielleicht befürchtet er, dass sein Bruder Tony dann Ärger bekommt. Außerdem hat es schon viermal zu Hause an der Tür geklingelt, da sollte er nicht aufmachen. Bestimmt hat er im Gespür, dass vieles nicht in Ordnung ist und will keine Aufmerksamkeit auf sich ziehen. Er hätte das Boxen sicherlich erklären müssen.

k) Individuelle Lösung, möglicherweise: Die Jungs kämpfen sehr hart und ernst miteinander, außerdem ist Tony sicherlich stärker als Mik. Vielleicht macht Tony das, um Mik stark für einen Ernstfall zu machen, doch sie kämpfen zu hart und Mik trägt blaue Flecken und Schmerzen davon.

l) Mik könnte sich dabei ernsthaft verletzen, er hat jetzt schon blaue Flecken und große Schmerzen. Frau Nordahl oder die Lehrer könnten auf die Idee kommen, dass Mik zu Hause häusliche Gewalt erlebt, weil sie nicht wissen, dass es die Kämpfe mit dem Bruder sind.

S. 10

4 Die Schlange Einsamkeit | S. 39–45

Wer tritt auf: Mik, Vater, Tony, die Tabaksfrau, Frau mit Papageienohrringen, Mann mit Goldzahn

Wo spielt die Handlung: Tabaksladen, zu Hause bei Mik

Was geschieht: nach dem Schwimmunfall geht es Mik nicht gut; im Tabaksladen bekommt er Schokolade und führt ein seltsames Gespräch; zu Hause ist der betrunkene Vater; Tony kommt, rastet aus und geht zu einem Freund; Mik bleibt allein beim Vater; an der Tür klingelt es, es stehen zwei Fremde davor, doch Mik macht nicht auf.

Wichtige Beobachtung: Tonys Fürsorge lässt nach, er lässt Mik mit dem betrunkenen Vater allein; Mik ist sichtlich überfordert und kämpft gegen seine Einsamkeitsschlange an.

➲ **Aufgabe**

b)

Miks Wahlmöglichkeit:	Miks Verpflichtungen:
Es ist nichts vorbestimmt, er kann entscheiden, weil er existiert. Damit meint sie vielleicht, dass er nicht werden muss, wie sein Vater, sondern seinen eigenen Weg gehen kann.	Er muss zur Schule, es gibt Regeln, an die er sich halten muss; er hat auch Verpflichtungen, z. B. Hausaufgaben oder zu Hause mithelfen.

c)

ängstlich, besorgt, versöhnend, eingeschüchtert, hilflos, naiv verunsichert, ablenkend, traurig, verzweifelt

genervt, wütend, zornig, traurig, verachtend, aufbrausend, verärgert, schroff, rücksichtslos, ablehnend, unfreundlich, bestimmt, schonungslos

d) Mik möchte sich ablenken von der Situation mit dem Vater. Es ist sein Versuch, so zu tun, als sei nichts geschehen. Als würde der Vater nicht betrunken auf dem Küchenboden liegen.

f) Fürsorge bedeutet Hilfe, Sorge, Versorgung, Betreuung, Pflege, Sorgfalt.

g) Eltern sind ihrem Kind zur Fürsorge verpflichtet, sie sorgen für ein Zuhause, für Ernährung, Bildung, Gesundheit. Trennen sich die Eltern, hat das Kind das Recht, zu beiden Eltern Kontakt zu halten. Kommen Eltern ihrer Fürsorgepflicht nicht nach, kann sich das Jugendamt einschalten, um gegen die mangelnde Fürsorge vorzugehen.

h) Mik kümmert sich fürsorglich um seinen Vater, der betrunken am Boden liegt. Er holt ihm eine Wolldecke und ein Kissen für seinen Kopf. Er kümmert sich selbst um Essen, was eigentlich die Aufgabe des Vaters wäre.

i) **Miks Gefühle:** traurig, wütend, Brennen im Bauch, einsam, hilflos, trostlos, verlassen, verängstigt

j)

Anzeichen von Alkoholsucht	Anzeichen bei Miks Vater
• Ein Leben ohne Alkohol ist nicht mehr möglich. Man muss immer wieder und immer häufiger trinken.	→ Überall stehen Flaschen herum und er trinkt sehr viel.
• Entzugserscheinungen wie ein schnellerer Herzschlag, Schwitzen, Unruhe oder sogar Bewusstlosigkeit	→ Er bricht bewusstlos in der Küche zusammen und ist hilflos.
• Gefahren nicht mehr richtig eingeschätzt/ Kontrollverlust • Gewaltausbrüche sowie leichtsinnige und riskante Handlungen	→ Er torkelt, schreit betrunken umher und bricht unkontrolliert im *Piraten* zusammen.
• Ein Drittel aller Depressionen sind alkoholbedingt.	→ Er hat alles satt, er muss trinken, er weint viel.
• Einschneidende Erlebnisse wie der Verlust des Partners oder des Arbeitsplatzes können die Situation verschlimmern.	→ Er hat seine Frau nach einer schweren Krankheit verloren und wurde arbeitslos.
• Betroffene versichern immer wieder, aufzuhören, schaffen es aber meist nicht ohne Hilfe.	→ Er verspricht immer wieder, aufzuhören.

5 Fremde Leute | S. 46–60

S. 12

Wer tritt auf: Mik, Klasse, Aufseher, Lehrerin Lind, Busfahrer, Vater, Linda und Kent, Tony

Wo spielt die Handlung: Museum, Bus, Tabaksladen, zu Hause

Was geschieht: Mik verliert den Anschluss zur Klasse, erkundet das Museum allein und bekommt vom Aufseher die Wale erklärt; sein betrunkener Vater versucht, mit dem gleichen Bus zu fahren; die ganze Klasse bekommt das mit; Tony wird von der Polizei mitgenommen; der Vater liegt wieder betrunken zu Hause; die Mitarbeiter vom Sozialamt lassen den Vater mitnehmen und wollen Mik ins Heim bringen, aber er lehnt ab.

Wichtige Beobachtung: Tony muss hinten einsteigen ins Polizeiauto, er taucht erst nachts auf; der Vater hat sich diesmal am Kopf verletzt; Mik macht sich Sorgen, weil der Vater glaubt, dass aus dem Herd Gesang kommt. Das Sozialamt lässt Mik allein zurück.

Aufgabe

b) Er sieht viele ausgestopfte Tiere, aber auch Skelette von Walen, die ihn sehr beeindrucken.

SCHREIBAUFGABE 2

„... Bloß nicht hinschauen. Hoffentlich erkennt er mich nicht! Er ist wieder betrunken! Dieser Spaten! Mensch, muss das ausgerechnet vor meiner Klasse sein? Da tuscheln schon die ersten, dass sie ihn erkannt haben. Da, schauen sie nicht schon zu mir?! Mist: Ich werde jetzt bestimmt rot. Ja, da kriecht sie hoch, die Wärme. Die Ohren werden heiß! Bestimmt kann ich das nicht verbergen. Am liebsten möchte ich verschwinden. Warum kapiert er es denn nicht, dass er nicht mitfahren kann. Ist er taub? Geh nach Hause, Papa! Bitte, hau hier ab, bitte. Ich ertrage das nicht. Wie sie hässlich grinsen, sie lachen mich aus! Jetzt ist er weg, zum Glück. Wir fahren weiter. Wie mich Frau Lind ▶

ansieht, was sie jetzt wohl von mir denkt? Ich möchte mich auflösen, woanders sein. Dieser Spaten macht mich wütend. In welche Situation hat er mich gebracht? Ich muss hier raus, bei der nächsten Station. Tür auf. Raus! Endlich frische Luft. Und alle glotzen. Nicht zurückschauen, einfach laufen ...

d) Tony hat immer wieder irgendwelche Geräte wie die DVD-Player mit Festplatte mit nach Hause gebracht. Wenn er vielleicht gestohlen hat, erklärt das, warum er von der Polizei befragt wird. Außerdem wurde auch in Miks Schule eingebrochen, vielleicht hatte Tony damit ebenfalls zu tun?

e) Mik geht fest davon aus, dass es Tony ist, der seinen Schlüssel vergessen hat. Und er hofft natürlich, dass alles wieder gut wird, weil er doch gesehen hat, wie Tony in dieses Polizeiauto einsteigen musste.

f) ☒ Sie verschaffen sich gegen Miks Willen Zutritt in die Wohnung.
☒ Die fremden Leute kommen vom Sozialamt.
☐ Sie rufen **den Krankenwagen**.
☐ Mik sagt den fremden Leuten, dass sein Vater **Überstunden mache bzw. erkältet sei**.
☒ Kent und Linda versprechen, ihm und seinem Vater **zu helfen**.
☐ Der Vater wird **vom Krankenwagen** mitgenommen.
☐ Mik **darf erst mal allein bleiben**.
☒ Mik schaut ein altes Video: *Die Brüder Löwenherz*.

g) Mik hat nun alles verloren und fühlt sich allein: Sein Vater wurde abgeholt, die Mutter ist tot und Tony wurde von der Polizei mitgenommen. Der Film tröstet ihn vielleicht, weil diese Brüder zusammenhalten und sich um den anderen kümmern. Außerdem tröstet es, wenn andere auch Schlimmes erleiden, dann fühlt man sich nicht so allein.

h) Mik soll Vertrauen gewinnen und spüren, dass man auch seine Wünsche berücksichtigen will. Hätten sie ihn gezwungen, mit ins Heim zu gehen, wäre die Gefahr viel größer, dass er wegläuft. In seinem gewohnten Zuhause fühlt er sich sicher.

i) Das Amt greift ein, wenn die Erziehungsberechtigten das Wohl des Kindes nicht mehr sicherstellen können und ihrer Fürsorgepflicht nicht mehr nachkommen. Dann nimmt das Amt eine Inobhutnahme vor, was ein Heim oder eine vertraute Person des Kindes sein kann.

S.14 **Figurenkonstellation zum ersten Teil – Die Schlange**

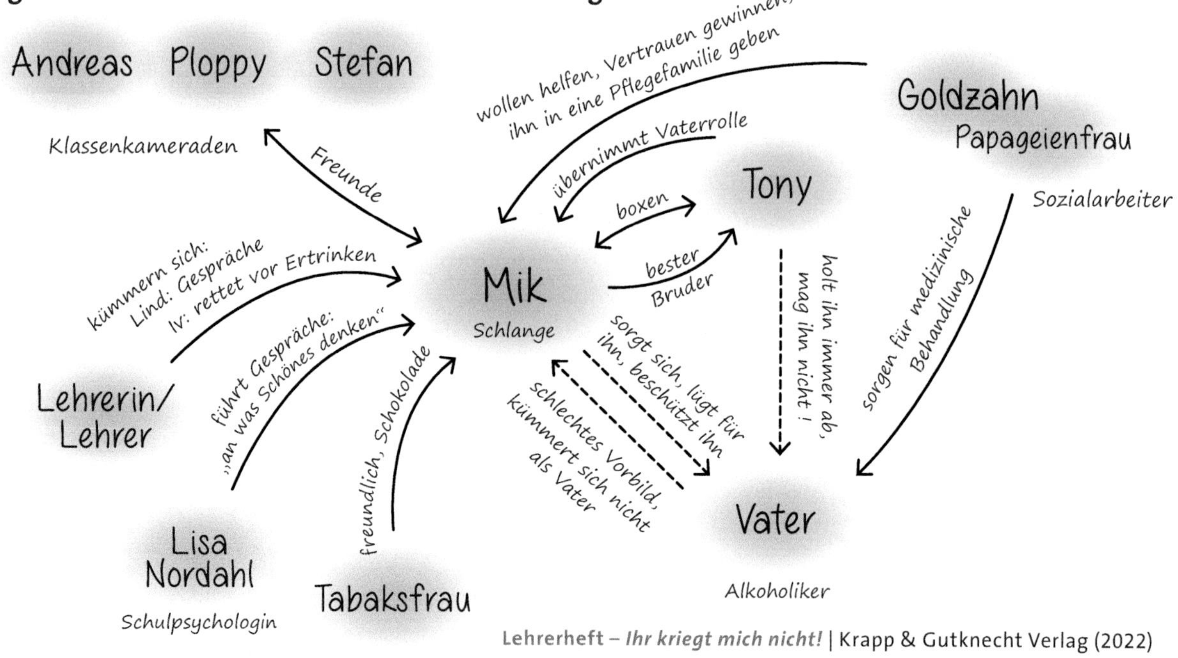

Zweiter Teil – Das Eisland (S. 61–172)

S. 15

6 Die Reise | S. 63–72

Wer tritt auf: Mik, Papageienfrau, alter Mann, zwei Jungen, ein Mädchen, Kassiererin

Wo spielt die Handlung: Auto, Bus, Ankunft im Ort von Tante Lena, Konsum

Was geschieht: Mik wird von der Papageienfrau zum Busbahnhof gebracht, er wird zu Tante Lena geschickt. Unterwegs muss er in einen anderen Bus umsteigen. Bei der Ankunft wartet Tante Lena nicht auf ihn und Mik wird von einem alten Mann und Kindern angesprochen.

Wichtige Beobachtung: Mik bekommt keine Antwort darauf, was mit Tony ist. Seine Kleidung ist für die neue Umgebung absolut ungeeignet. Es scheinen in dem Ort viele Katzen zu verschwinden. Der nächste Bus fährt erst am Donnerstag.

Aufgabe

c) „»Laut Sozialgesetzbuch, SGB, kann das Sozialamt Eltern und Kindern Unterstützung und Hilfe auf freiwilliger Basis anbieten.«“ (S. 64, Z. 4–7)

Papageienfrau

Miks Wünsche

Daheim wohnen bleiben, mit Tony;
Tony soll mit zu Tante Lena;
möchte bald nach Hause, ...

d) Individuelle Lösung: Es sollte eine Winterlandschaft mit vielen Bäumen gezeichnet werden.

e) Seine Kleidung ist viel zu dünn und zu kalt für Nordschweden. Hier ist es wesentlich kälter, weshalb er sehr frieren muss.

f)
- Thermohosen
- Winterjacken
- Mütze und Schal
- Handschuhe
- Winterschuhe
- warme Pullover
- ...

h) Individuelle Lösung, angepasst an Seite 72 im Roman.

i) Individuelle Lösung: Möglicherweise verschwinden hier so viele Katzen, weil hier die Leute nicht auf ihre Katzen aufpassen. Vielleicht spielt ihnen aber auch jemand einen Streich und versteckt die Katzen, weil er sie nicht leiden kann. ...

S. 17

7 Die Sperbereule | S. 73–84

Wer tritt auf: Mik, Tante Lena, Familie mit dem Mädchen mit Muttermal, zwei alte Männer

Wo spielt die Handlung: Fahrt durch den Ort, bei Hilma und Pi, zu Hause bei Tante Lena

Was geschieht: Mik muss lange warten; Tante Lena fährt nicht direkt nach Hause, sondern muss noch einer Familie Medizin bringen; in seinem Zimmer unter dem Dach betrachtet er mit Lena seine neue Umgebung.

Wichtige Beobachtung: Bei Lena gibt es viele Bücher; der alte Mann sind eigentlich zwei alte Männer; Mik mag das Haus und Lenas freundliche Art. Im Baum vor seinem Fenster sitzt eine Sperbereule.

Aufgabe

c)

Der ICA-Mensch:

ist modern, fortschrittlich, möchte mehr Auswahl

Der Konsum-Mensch:

ist traditionell und etwas altmodisch, braucht nicht so viel Sortiment

d) Individuelle Lösung

SCHREIBAUFGABE 3

Ereignisse	Gefühle	Gedanken	Zukunft
Vater abgeholt, Tony weg, Fahrt zu Tante Lena, Lena und ihr Zuhause	traurig, weil ihm Tony fehlt und er sich Sorgen um Vater macht, aber auch angenehm bei Lena	Wo ist Tony? Wie geht es Vater? Lena ist freundlich; die beiden Alten, die Sperbereule; alles hier ist so still	Wie geht es weiter? Wird er lange hierbleiben? Morgen ist Schule, die ist so klein. Wann sieht er Tony wieder?

„Hier ist wirklich alles anders. Still! Es ist so unglaublich still! Aber auch Lena und ihr Haus sind anders. Die ganzen Bücher, die hier überall herumliegen, noch nie habe ich so viele Bücher gesehen. Und diese komischen Alten? Warum redet man 30 Jahre nicht miteinander? Das könnte ich nicht. Aber die Sperbereule sieht doch ein bisschen aus wie ein Troll. Ich habe aber keine Angst vor ihr. Angst? Ja, Angst habe ich aber trotzdem. Ich bin so traurig, weil ich nicht weiß, was mit Tony ist und was mit Vater wird. Er sah so krank aus ... er ist krank ... ob es ihm besser geht? Wann kann ich nach Hause? Warum kann Tony nicht hier bei mir sein? Er würde staunen über so viel Schnee. Brrr – kalt. Ich sollte unter die Decke schlüpfen. Schon besser. Und Tony? Wir könnten, statt zu boxen, auch eine Schneeballschlacht machen. Das wäre was. Wie morgen wohl die neue Schule ist? 13 Kinder! Nur 13 sind wir, hat Tante Lena gesagt. Das ist so winzig. Hoffentlich sind sie nett! Da ist dann bestimmt auch das Mädchen mit dem Muttermal, das sah so komisch aus. Ich sollte schlafen. Hoffentlich wird es morgen ein guter Start ...

S.19

8 Neu in der Schule | S.85–94

Wer tritt auf: Mik, Tante Lena, Gustavssons Hund, Lehrerin, Pi, Filip, Oskar, die neue Klasse

Wo spielt die Handlung: zu Hause bei Lena, in der neuen Schule

Was geschieht: Mik weiß am nächsten Morgen zunächst nicht, wo er ist. Auf dem Weg zur Schule begegnet er Gustavssons Hund, der aggressiv ist. In der Schule stellt er sich als zu klein mit großen Ohren vor. Pi saugt an seinem Ohrläppchen, sodass er umkippt.

Wichtige Beobachtung: Lena benutzt Bücher zum Heizen; Mik hasst Hunde; um zu vermeiden, dass man ihn hänselt, spricht er seine Eigenarten an; er stellt sich noch bewusstlos, als Pi versucht, ihn wiederzubeleben.

Aufgabe

b) Er sagt, dass nur seine Ohren wachsen und er klein ist, weil er ihnen so den Wind aus den Segeln nimmt, damit sie ihn deshalb nicht aufziehen. Er erzählt auch vom Rekord des Luftanhaltens, weil er nach etwas sucht, womit er sie beeindrucken kann. (S.89. Z.21–23 und S.90, Z.11–15 und Z.19–21)

c)

Seine Antworten

Das stimmt nicht.
Ich habe keine Probleme.

Seine Gedanken

Na, toll, jetzt wissen sie schon, dass es meinem Vater nicht gut geht. Aber woher?
Ich bin doch kein Problemkind,
warum sagen sie das über mich?

d) Mik ist von dieser Aktion überrascht und rechnet auch nicht damit, dass Pi ihm so nahekommt. Er mag Pi wohl schon sehr, denn er ist sehr beeindruckt von ihr. Vielleicht wird er ohnmächtig, damit er die Aufregung verkraften kann, die ihre Nähe und das Saugen an seinem Ohrläppchen bei ihm auslösten. Er bleibt wohl auch liegen, um den Moment noch etwas zu genießen.

S.20

9 Der Pillenmörder | S.94–104

Wer tritt auf: Mik, Gustavssons Hund, Tante Lena, die Zwillinge Bengt und Bertil

Wo spielt die Handlung: zu Hause bei Lena, zu Hause bei Bertil und zu Hause bei Bengt

Was geschieht: Mik begegnet nach der Schule wieder dem Hund und er beschimpft diesen. Lena backt Zimtschnecken. Mik soll Bengt eine blaue Pillenschachtel bringen und Bertil eine rote, aber wird danach unsicher, ob er das richtig gemacht hat und schaut nochmal nach.

Wichtige Beobachtung: Mik schreit den Hund an und bewirft ihn mit Eisbrocken. Lenas Hund musste verbrannt werden, nachdem er im Eis einbrach. Mik macht sich große Sorgen, dass er die Schachteln vertauscht haben könnte und die Männer deshalb leiden.

➲ **Aufgabe**

b)

Bertil
- verlotterte Küche
- es riecht säuerlich
- Einrichtung gleich
- buschige Augenbrauen
- dicke Nase
- Aussehen wie Bengt, nur etwas kräftiger

Bengt
- adrette Küche
- es riecht säuerlich
- Einrichtung gleich
- buschige Augenbrauen
- dicke Nase
- Aussehen wie Bertil, nur etwas magerer

Die beiden Alten sehen gleich aus und sie wohnen auch sehr ähnlich, es ist nur so, dass der eine etwas magerer und sein Zuhause sauberer ist. Sie sind also kaum zu unterscheiden.

S. 21

10 Die Katzenfabrik | S. 104–117

Wer tritt auf: Mik, Lehrerin, Pi, Filip, Oskar, Greta

Wo spielt die Handlung: Schule, Supermarkt, Katzenfabrik

Was geschieht: Mik versucht, in Mathematik witzig zu sein. Er geht mit Pi, Filip und Oskar Süßigkeiten kaufen und wird von Pi eingeladen. Man zeigt ihm die Katzenunterkunft und erklärt den Trick. Sie geben die „verschwundene" Katze an Greta ein zweites Mal zurück.

Wichtige Beobachtung: Miks Handy ist viel älter als die anderen und er tut so, als würde es funktionieren. Pi und ihre Freunde beklauen Katzenbesitzer, um von ihnen einen Finderlohn zu bekommen.

➲ **Aufgabe**

b) Lussekatt ist ein Hefegebäck mit Safran, das mit Rosinen dekoriert wird.
Es wird hauptsächlich zum Lucia-Fest am 13. Dezember verzehrt.
Dazu gibt es Heißgetränke wie Kaffee oder Glögg – skandinavischen Glühwein.

c)

Zutaten
- 1 kg Mehl
- 50 g frische Hefe
- 200 g Butter
- 1 g Safran
- 350 ml Milch
- 150 g Schmand
- 300 g Zucker
- ½ TL Salz
- 2 Eier (eins für den Teig und eins zum Bepinseln)
- 60 Rosinen zum Dekorieren

Zubereitung

Rezepte zur Zubereitung lassen sich z. B. auf backschwestern.de finden.

d) Die Freunde Pi, Filip und Oskar fangen die Katzen von Nachbarn ein und sperren sie in die alte Möbelfabrik. Sie warten darauf, dass die Besitzer nach ihnen suchen und einen Finderlohn auf ihre Katze in Aussicht stellen. Ist der Finderlohn hoch genug, geben sie das Tier an den Besitzer zurück. Vor der Rückgabe überlegen sie sich eine möglichst glaubhafte Geschichte, wo die Katze war.

e)
- ein Handy, das funktioniert
- einen Fernseher
- den Film *Die Brüder Löwenherz*
- Weihnachten mit Tony
- eine schöne warme Winterjacke
- warme Kleidung
- ...

S.22

11 Der Sternenbrunnen | S.118–129

Wer tritt auf: Tante Lena, Mik, Bengt, Pi, Filip, Oskar

Wo spielt die Handlung: Selet, Schule, zu Hause bei Lena

Was geschieht: Mik geht mit Bengt zum Angeln an den Selet und fängt einen großen Hecht; Mik entdeckt den Strömungsbrunnen; Bengt schenkt ihm ein Messer zum Schutz vor dem Ertrinken. In der Schule erzählt Mik theatralisch von seinem großen Fang. Pi reibt ihm die Ohrläppchen. Lena liest seine Wunschliste.

Wichtige Beobachtung: Mik muss Bengt versprechen, das Messer immer zu tragen, wenn er auf dem Eis ist und er soll Lena nichts vom Strömungsbrunnen sagen. Pi hört seinen Geschichten gerne zu und er mag es, wie Pi ihn behandelt. Es macht ihm nichts aus, dass Filip behauptet, dass sie Mik als Haustier hält. Mik hat nur einen Weihnachtswunsch: dass Papa nicht mehr trinkt.

➲ Aufgabe

b) Mik erfährt, dass das Eis singt, wenn das Wasser zufriert. Es werden Spannungen erzeugt, die dieses Geräusch entstehen lassen.

c) Sirenen sind Fabelwesen, die Menschen durch ihren Gesang anlocken und diese ins Verderben stürzen.

d) Das Schauspiel am Strömungsbrunnen, in dem sich die Sterne spiegeln und wo er das Eis singen hört, könnten auch so verlockend sein wie der Gesang der Sirenen, sodass er in den Strömungsbrunnen fällt.

e) Bengt erklärt, wie gefährlich dieser Strömungsbrunnen ist und dass er sich selbst nur mithilfe seines Messers retten konnte. Bengt will vermeiden, dass Mik dort hineinfällt oder einbricht, da das seinen Tod bedeuten würde, deshalb schenkt er ihm sein Messer.

SCHREIBAUFGABE 4

Miks Tagebucheintrag

- Mein Leben in Selet
- Das Messer und mein Versprechen
- Der Strömungsbrunnen
- Die Katzenfabrik

Selet, 18.12.

Liebes Tagebuch,

ich bin jetzt hier bei Tante Lena in Selet. Du weißt schon, ich habe sie seit der Beerdigung von Mama nicht mehr gesehen. Sie ist immer noch so verrückt. Aber ich mag sie!

Mit Tante Lena habe ich Bücher verbrannt und ihre Zimtschnecken sind so lecker. Ich war mit Bengt angeln am Selet, dort habe ich einen Hecht gefangen. Der war so groß, dass ich dachte, dass es ein Drache ist. Außerdem bin ich auf dem Eis gerutscht, das war wirklich lustig! Da war ein riesiges Loch im Eis und ich habe darin die Sterne gesehen und einen Schatten. Ich glaube, dass im Selet ein Wal ist. Doch wie ist er dahin gekommen?

Bengt hat mich vom gefrorenen Wasser geholt und meinte, ich dürfe nicht zu diesem Loch gehen, weil es lebensgefährlich sei. Ich meine, er hat dazu Strömungsbrunnen gesagt, für mich ist es aber ein Sternenbrunnen, weil die Sterne darin so herrlich funkeln. Er sagte mir, dass ich das nicht Tante Lena verraten solle. Ich musste es sogar versprechen. Ich glaube, er hat Angst, dass Lena mit ihm schimpft, denn ihr Hund ist letztes Jahr auch ins Eis eingebrochen und im Selet gestorben. Bestimmt würde sie sich deswegen Sorgen machen.

Jetzt habe ich dir noch gar nicht erklärt, wer Bengt ist. Bengt ist der Zwillingsbruder von Bertil. Sie sind beide schon recht alte Herren, die gegenüber von Tante Lena wohnen. Ich kann ihr Zuhause aus meinem Fenster sehen. Die beiden sind schon sehr seltsam. Sie wohnen nebeneinander, wohnen in gleichaussehenden Häusern, sind gleich eingerichtet, bekommen beide Tabletten von Tante Lena, aber reden kein Wort miteinander. Und das seit 30 Jahren! Das soll mal einer verstehen, warum man so lange zerstritten ist. Die beiden haben auch ein Toilettenproblem, weil beide nachts einen Nachttopf im Schnee ausleeren. Ich sage ja, sie sind etwas seltsam. Bengt schenkte mir am See sein Messer, ich soll es immer bei mir tragen, wenn ich aufs Eis gehe.

In der Schule erzählte ich meinen neuen Freunden von meinem großen Fang. Pi fand, dass ich sehr gut erzählen kann, aber Filip meinte, es sei eine Lüge. Ich glaube, er ist eifersüchtig auf mich. Habe ich dir von der Katzenfabrik erzählt? Wir haben eine Geschäftsidee. Und zwar holen wir entlaufene Katzen und wenn der Finderlohn gut ist, bringen wir die Katzen zu den Besitzern. Eine coole Idee, oder? Bald ist Weihnachten, ich soll eine Wunschliste schreiben. Ich wünsche mir... WARTE, Tante Lena kommt, ich melde mich wieder.

Tschüss, liebes Tagebuch!
Mik

f) **Lenas Gedanken:** Armer Mik, das ist also sein einziger Wunsch! Ich konnte darauf nichts antworten, was hätte ich auch sagen sollen? Es ist traurig, dass er sich nicht etwas Normales wünscht. Mit elf Jahren sollte man andere Wünsche haben! Wie leid er mir tut. Er musste schon so viel durchmachen. Bestimmt vermisst er Tony und seinen Vater. Ob er sehr einsam ist? Womit könnte ich ihm eine Freude machen?

12 Mut und Angst | S.130–136

S.24

Wer tritt auf: Mik, Lena, Filip, Oskar, Pi, die alte Frau Maria

Wo spielt die Handlung: bei Lena zu Hause, vor und im Haus von Maria

Was geschieht: Mik erfährt von Lena, dass er in der zweiten Woche nach Neujahr wieder nach Hause soll, doch er möchte bleiben. Er trifft sich mit Pi, Filip und Oskar, weil sie Maria ihre Katze wiedergeben wollen, aber Filip und Oskar wollen nicht ins Spukhaus und gehen. Mik und Pi gehen rein, Mik rennt vorher raus. Er und Pi teilen sich danach die 200 Kronen.

Wichtige Beobachtung: Mik will nicht wirklich zurück, denn mittlerweile fühlt er sich hier wohl. Im Haus von Maria hat er Angst, aber es ist ihm wichtig, vor Pi mutig zu wirken.

Aufgabe

b) Mik vermisst nicht: die Schule; Lisa Nordahl und die Gespräche mit ihr; das Klirren von Flaschen; das Hallenbad, das Hänseln der Mitschüler; die Anrufe aus dem *Piraten*, dass Vater abzuholen ist; dass er nur Bitterschokolade zu essen hat, weil nichts zu essen da ist; Rechnungen und Mahnungen, die keiner zahlen kann; dass Vater zusammengebrochen und verletzt auf dem Boden liegt; peinliche Busfahrten, weil der betrunkene Vater auch mitfahren will; …

c) Individuelle Lösung

13 Ein Brief an Tony | S.136–141

S.25

Wer tritt auf: Mik, Bengt, Tante Lena

Wo spielt die Handlung: bei Bengt zu Hause, bei Tante Lena

Was geschieht: Mik bringt Bengt Brühe, nachdem dieser ins Eis eingebrochen ist. Bengt konnte sich nicht retten, weil er sich kein neues Messer mitgenommen hatte. Es quält ihn, dass er ausgerechnet von Bertil gerettet wurde, weil er seinem Bruder jetzt etwas schuldet. Mik schreibt Tony einen ersten Brief und muss Lena versprechen, nicht allein aufs Eis zu gehen.

Wichtige Beobachtung: Bengt ist ganz außer sich, weil er ausgerechnet seinem Bruder dankbar sein muss. In Miks Brief an Tony wird auch deutlich, dass er Pi mag und dass er hierbleiben will. Lena und Mik glauben nicht an Weihnachten. Seine Tante macht sich große Sorgen, dass Mik ins Eis einbrechen könnte.

Aufgabe

b)

Gedanken von Tony	Gefühle von Tony
Der erste Brief von Mik. Wie es ihm wohl geht? Ich habe Tante Lena seit der Beerdigung nicht mehr gesehen. Hoffentlich ist sie nett zu ihm. Was macht er dort oben? Hat er Freunde gefunden? Der Schlingel, was hat er da ausgeheckt mit den Katzen? Klappt das mit der Schule? Er will dort bleiben? Wer boxt dann mit mir?	Er fehlt mir. Ich sollte mich auch einmal melden. Es macht mich traurig, dass er so weit weg ist. Ich muss mir keine Sorgen machen, alles ist besser als bei Vater. Traurig, weil ich so wenig von Miks Alltag weiß. Belustigt über die Katzengeschichte. Froh, dass er sich dort wohlfühlt, aber auch etwas nachdenklich.

Mögliche Antworten von Tony:

Ach Mik, ich habe dir noch nicht geschrieben, weil ich mit mir selbst zu kämpfen habe. Es ist gut, dass du bei Tante Lena bist, denn dort bist du sicher. Ich habe von Vater noch nichts gehört, ich weiß nicht, wie das bei dir ist. Das klingt spannend mit eurer Katzenidee, aber lass dir gesagt sein, dass ihr bestraft werdet, wenn sie euch erwischen. Es wäre schön, dich wiederzusehen. Pass bitte auf dich auf.

S. 26

14 Der Weihnachtsmann riecht nach Hecht | S. 141–155

Wer tritt auf: Lena, Mik, Hilma, Pi, Bengt

Wo spielt die Handlung: bei Bengt, bei Pi zu Hause, daheim bei Tante Lena

Was geschieht: Mik bringt Hilma eine Salbe, dort ist alles weihnachtlich geschmückt. Pi ist festlich gekleidet, schenkt ihm Sahnebonbons und gibt Mik einen Kuss auf den Mund. Bei Bengt schaut er Donald Duck, zu Hause bei Lena essen sie Pizza und sie berichtet von ihrer Kindheit und warum sie Weihnachten nicht mag. Der Weihnachtsmann bringt Geschenke für Mik und Lena und riecht etwas nach Hecht.

Wichtige Beobachtung: Mik erfährt von der Weihnachtspsychose seiner Tante und dass sein Vater sich damals rettend vor seine Oma gestellt hatte. Er erfährt auch, dass Lena früher getrunken hat.

➲ Aufgabe

b)

Vater früher	**Vater heute**
Stellte sich vor seine Mutter, als sein betrunkener Vater die Schrotflinte auf die Mutter richtete.	Trinkt heute selbst und ist im Grunde wie sein eigener Vater, aber er bedroht seine Familie meist nicht.

c) Vater war früher mutig, das wusste ich gar nicht. Kann Vater gar nichts dafür, dass er krank ist? Wenn beide Eltern Alkoholiker waren, war das vielleicht einfach zu viel für ihn nach Mamas Tod? Werde ich auch einmal Alkoholiker? Lena hat auch getrunken. Bin ich gefährdet, weil ich schlechte Vorbilder habe?

d) Pi schenkt ihm ein selbstgenähtes Kissen mit einem aufgestickten Herz und ein Tagebuch mit Kanincheneinband, vom Weihnachtsmann bekommt er eine Angel mit Blinkern zum Eisangeln. Von Tante Lena hat er erfahren, wie mutig sein Vater früher war und versteht nun etwas besser, warum er heute vielleicht krank ist.

e) Mik hat hier Stabilität und erlebt Fürsorge, Lena ist für ihn da und kümmert sich. Sie lebt ihm auch vor, für andere da zu sein und sich um diese zu kümmern. Er mag auch Bengt und besonders Pi und fühlt sich in Selet wohl. Ihm gefällt einfach das neue Zuhause, weil er hier nicht Angst haben muss, dass etwas Schlimmes passiert ist, wenn er heimkommt. Er ist hier sicher.

S.27

15 Die Eisdrachen | S.155–163

Wer tritt auf: Mik und Bengt

Wo spielt die Handlung: bei Bengt zu Hause und auf dem Selet

Was geschieht: Bengt ist erkältet und bittet daher Mik, den Fang auf dem Selet allein einzuholen, da er das Messer von ihm hat. Es zieht ihn an den Strömungsbrunnen, nachdem er mit dem Angeln fertig ist. Danach bringt er das Geld für den Fang und die Tabletten zu Bengt. Er erzählt ihm von dem Wal im Strömungsbrunnen.

Wichtige Beobachtung: Mik ist wie magisch angezogen vom Strömungsbrunnen und muss immer näher ran; er versteht nicht, warum die Brüder Bertil und Bengt so verstritten sind.

Aufgabe

b) Angler sitzen an einem Eisloch auf einem zugefrorenen See und warten darauf, dass ein Fisch anbeißt. Vor allem Raubfische wie Hechte, Zander oder Barsche lassen sich gut fangen. Beim Eisangeln werden besonders kurze Ruten verwendet. Eingefleischte Eisangler angeln mit einer Handleine. Zum Bohren der Löcher in die Eisdecke braucht man einen Eisbohrer. Zwar kann man auch einen Pickel oder eine kleine Axt verwenden, aber mit dem Eisbohrer ist es sehr viel einfacher, schneller und leiser.

c) Mik soll die Leinen an den Eislöchern finden, denn so findet er dann auch den Fang. Er fährt daher von Leine zu Leine, hackt das Loch etwas auf und sammelt die Beute in der Kiste. Den Fang gibt er dann bei Lasse ab, damit er Geld dafür bekommt, das er anschließend Bengt geben kann.

d) Mik ist fasziniert von dem Strömungsbrunnen, der ihn gerade gegen seinen Willen anzieht, als sei er der Zugang zu einer magischen Welt. Der Reiz des Verbotenen trägt vermutlich ebenfalls zu dieser Faszination bei.

e)

Mik & Tony

Wir würden immer miteinander reden. Wir boxen zusammen. Tony war schon so oft für mich da. Er ist mein großer starker Bruder, wir helfen uns gegenseitig.

Bertil & Bengt

Bertil und Bengt reden seit 30 Jahren nicht miteinander, dabei ist genug Platz und es gibt genug Hechte. Einander zu helfen ist für beide unvorstellbar, außer es geht um Leben und Tod.

S. 28

16 Eisball ins Auge | S. 163–172

Wer tritt auf: Mik, Lena, Pi, Filip, Oskar, Lehrerin, Papageienfrau und Goldzahn

Wo spielt die Handlung: zu Hause bei Tante Lena und in der Schule

Was geschieht: Mik ist sehr glücklich und zufrieden mit diesen Weihnachtsferien; bei Tante Lena plaudert er die Katzenidee aus, die das nicht gut findet. Lena entschuldigt sich bei allen im Dorf und die Freunde reden nicht mehr mit ihm. Die Lehrerin spricht von Recht und Unrecht. Die Papageienfrau und Goldzahn kommen, um Mik abzuholen.

Wichtige Beobachtung: Tante Lena ist enttäuscht von der Katzenidee. Mik ist einsam, weil niemand in der Schule mit ihm arbeiten will. Man beschimpft ihn als Alkoholikerkind. Tante Lena weint und ist hilflos, als Mik abgeholt werden soll. Mik ist außer sich und will nicht zurück zu seinem Vater.

Aufgabe

b) Es kommt einem Diebstahl gleich und es ist auch Betrug, für das „Finden" der Katzen Geld zu verlangen.

c) Für Mik ändert sich alles: Die Freunde sind enttäuscht und dürfen nicht mit ihm reden. Viele im Dorf denken, dass er für die Katzenfabrik verantwortlich ist und geben ihm die Schuld. Auch die Lehrerin thematisiert das in der Schule. Man bezeichnet ihn als Alkoholikerkind, schneidet ihn bei Gruppenarbeiten und in den Pausen und schließt ihn aus allem aus.

SCHREIBAUFGABE 5 – Mindmap

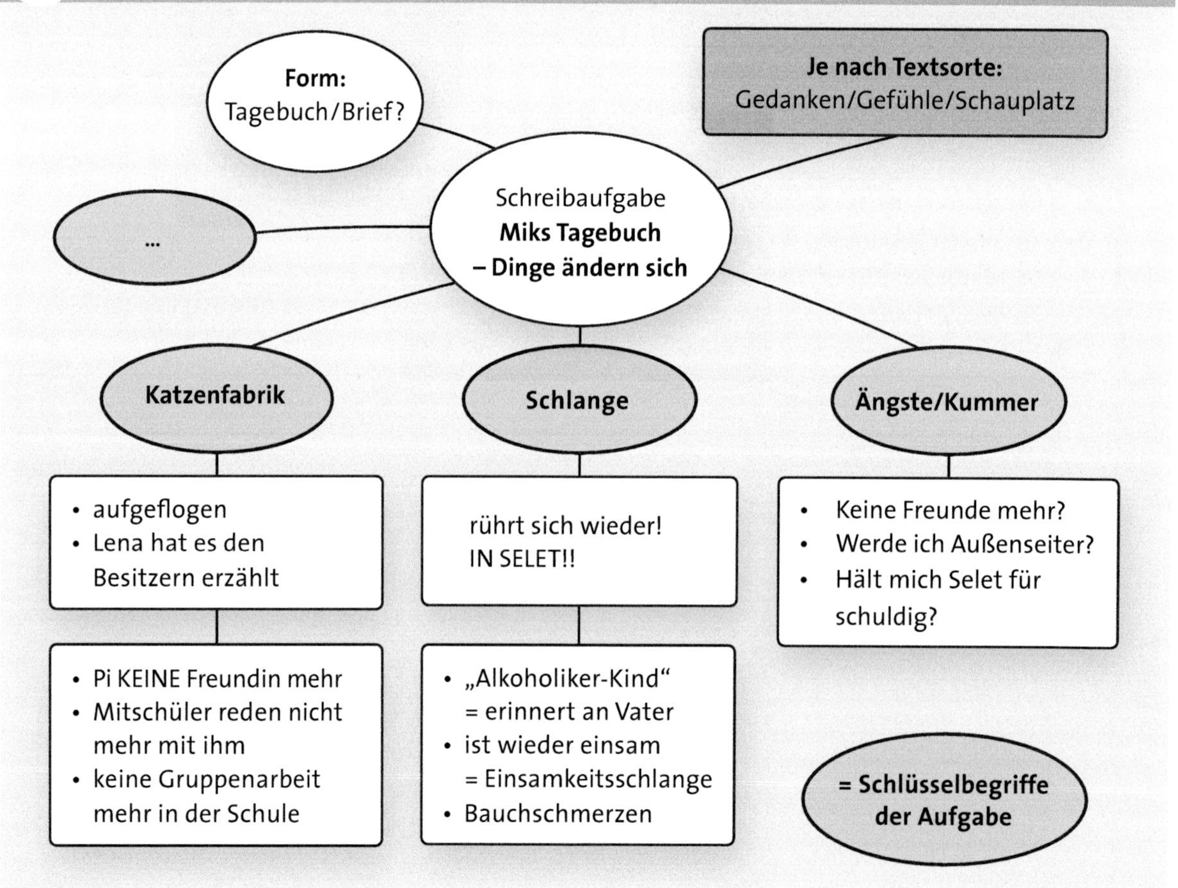

SCHREIBAUFGABE 5 – Lösungsvorschlag

Selet, den 07.01.

Liebes Tagebuch,

es ist viel passiert heute und in den letzten Tagen.

Ich fühle mich schlecht ... Die Katzenfabrik. Kannst du dich daran erinnern? Ich habe es Lena verraten und sie hat es den anderen gesagt. Sie hat sich für mich bei allen im Dorf entschuldigt. Kannst du dir das vorstellen? ... Ich habe solche Angst, dass Pi für immer nicht mehr mit mir spricht.

Liebes Tagebuch, ich bin so wütend auf mich. Wie konnte ich nur so unvorsichtig sein und Tante Lena alles erzählen?

Heute war Gruppenarbeit in der Schule und ich war ganz allein. Die Lehrerin kam und wollte mich zu einer Gruppe schicken. Das fand ich nicht gut. Sie haben schlecht über mich geredet und über mich gekichert. In der Pause war ich nicht besser dran, liebes Tagebuch. Da war ich auch allein. Pi und die anderen haben Hockey gespielt und Filip nannte mich Alkoholikerkind. Ich durfte nicht mitspielen. Das schlimmste jedoch war, dass Pi mich überhaupt nicht beachtet hat. Sie ignoriert mich. Bestimmt ist sie sauer auf mich und hat auch Ärger bekommen.

Der Tag war heute so schlimm, dass die Schlange wiederkam. Magst du die Schlange? Nein, niemand mag die Schlange. Sie war mit ihren Stacheln wieder da. Ich befürchte, dass alle nie wieder mit mir reden und dass Lena mich nach Hause zu Papa schickt, da ich nicht brav war. Ob sie enttäuscht ist? Denkst du auch, dass ich nicht brav war? Ich will lieber, dass Pi mich schlägt oder fertigmacht, als dass sie so tut, als wäre ich nicht da. Ob jetzt ganz Selet denkt, dass ich schuld bin? Sagen die auch hinter meinem Rücken Alkoholikerkind? Ich will, dass das aufhört. Ich bin so gerne hier in Selet!

Bye, dein Mik

SCHREIBAUFGABE 6 – Mindmap

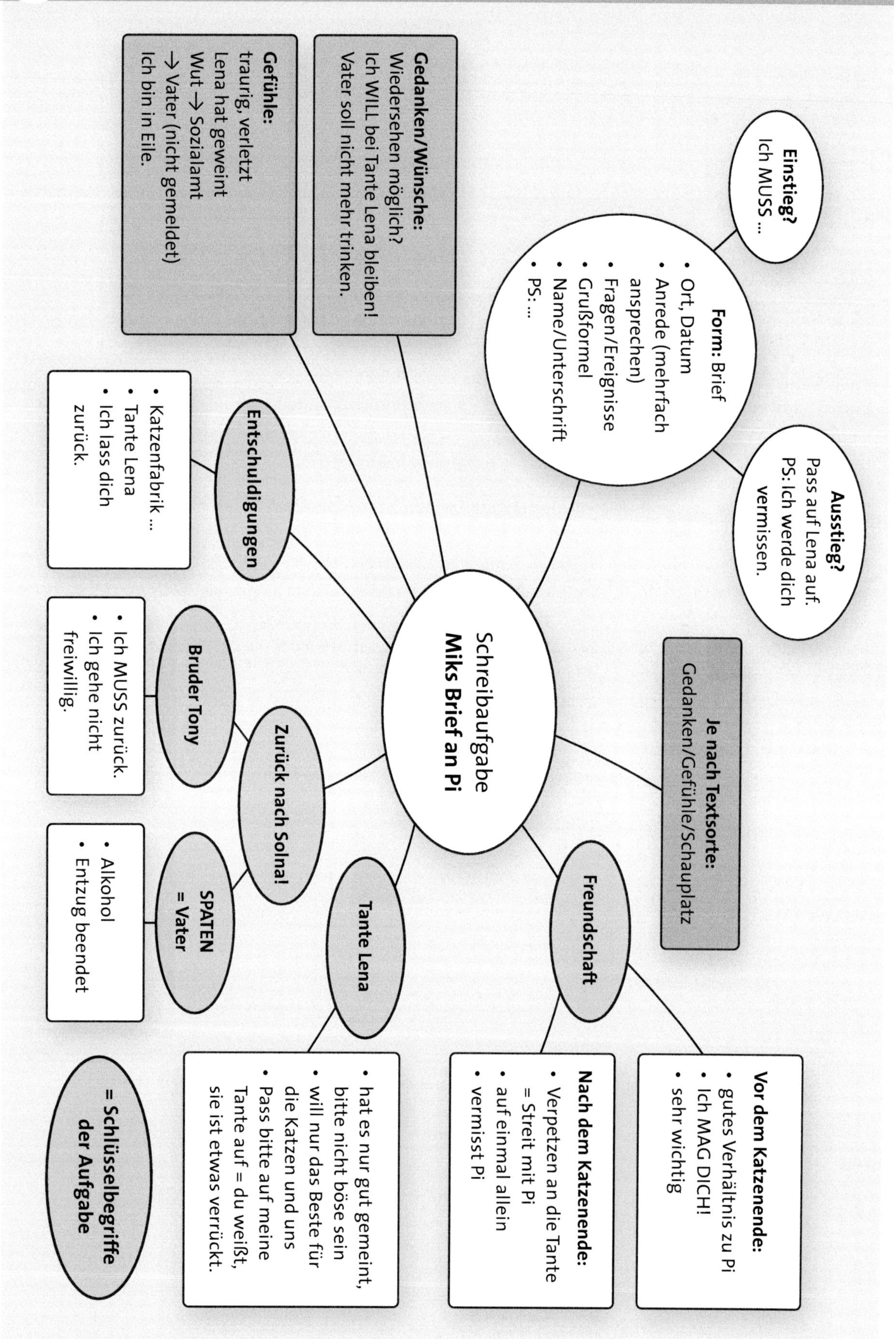

SCHREIBAUFGABE 6 – Lösungsvorschlag

Selet, 07.01.

Liebe Pi,

wie geht es dir? Also mir geht es gar nicht gut. Ich fühle mich schrecklich.
Aber dazu gleich mehr.

Ich will mich erstmal entschuldigen. Es tut mir so leid, dass ich das erzählt habe. Du hast hoffentlich keinen großen Ärger bekommen und Oskar und Filip hoffentlich auch nicht? Es ist natürlich keine Entschuldigung dafür, aber ich habe mich so gut gefühlt, es war alles so perfekt und dann ist es einfach aus mir herausgesprudelt und ich habe es Lena erzählt. Ich hoffe einfach, dass du mir verzeihen kannst. Pi, ich mag dich wirklich sehr und ich weiß, dass du mich nicht mehr magst, weil ich das Geheimnis der Katzenfabrik verraten habe. Es tut mir ehrlich sehr leid. Bitte sei nicht böse auf meine Tante, sie will nur das Beste für die Katzen und ihre Besitzer.

Pi, aber da ist noch was, was ich dir sagen muss. Ich muss zu meinem Vater zurück nach Solna. Das Sozialamt steht gerade draußen vor der Tür und Lena sagt einfach nichts, sie ist wie gelähmt und weint nur. Es wäre jetzt so schön, wenn du da wärst, denn dann könntest du mir helfen. Es tut mir so leid, dass wir so auseinandergehen müssen. Ich hätte dir noch so gerne persönlich Tschüss gesagt. Bitte vergib mir, Pi!

Ich hasse meinen Vater, er ist ein Spaten und ich fühle mich nicht sicher bei ihm. Ich habe solche Angst, dass er wieder trinkt. Warum hilft mir Lena nicht? Wieso soll ich zurück? Ich hoffe, ich komme bald wieder.

Die Papageientante ruft mich. Ich muss jetzt los. Aber ich will gar nicht!

Kannst du mir zurückschreiben? Das wäre sehr nett.

Ich habe aber noch eine Bitte an dich, Pi. Kannst du bitte manchmal etwas nach Tante Lena schauen? Es wird hart für sie sein, wenn sie wieder allein ist.

Liebe Grüße
Dein Mik

PS: Pi, das waren die aller-, aller-, allerbesten Ferien, die ich je hatte. Ich werde Selet und vor allem dich vermissen.

SCHREIBAUFGABE 7 – Mindmap

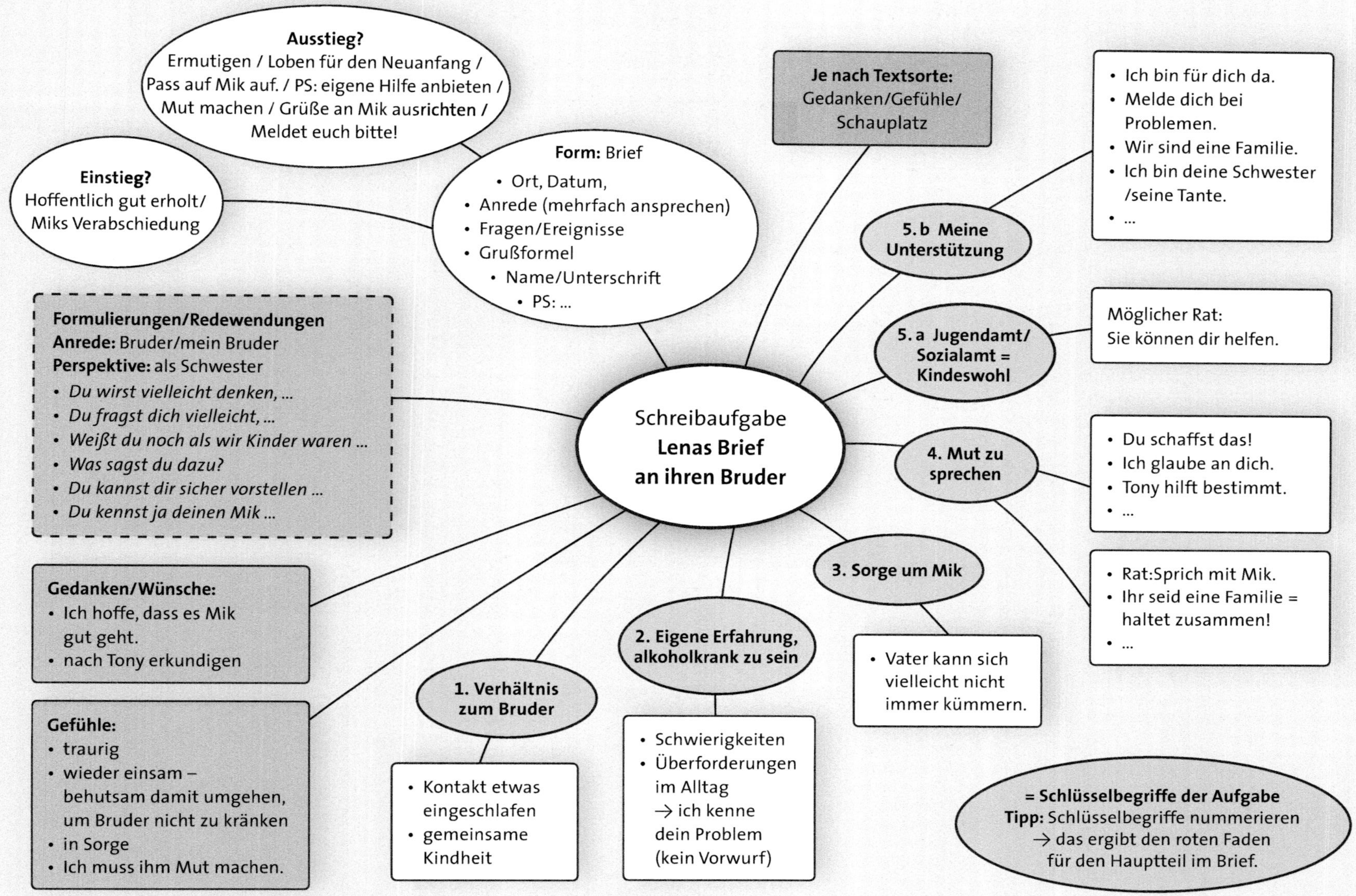

SCHREIBAUFGABE 7 – Lösungsvorschlag

Selet, 17. Februar

Lieber Bruder,

bestimmt bist du überrascht, von mir einen Brief zu erhalten, wo wir doch nicht so oft voneinander hören. Seit dem Tod deiner Frau ist es sehr still zwischen uns geworden. Na ja, jeder versucht, sein Leben zu meistern und der Alltag ist nicht immer einfach. Aber wir haben so vieles gemeinsam erlebt und teilen so viel miteinander.

Gerade wurde dein Mik abgeholt und nun dachte ich mir, dass das ein wichtiger und guter Anlass ist, mich bei dir zu melden. Es freut mich aufrichtig, dass deine Behandlung offensichtlich erfolgreich war und du nun wieder zu Hause bist. Wie geht es dir? War es arg schlimm?

Wir wissen beide, wie schwer es ist, wenn der Alkohol dein Leben bestimmt. Schon in unserer Kindheit haben wir das erleben müssen. Und auch ich weiß, wie es ist, wenn man in den Alkohol flieht, um Schlimmes zu vergessen. Wie oft wollte ich unsere Kindheit einfach wegtrinken. Das Bild, als unser Vater mit dem Gewehr vor uns stand, werde ich nie vergessen. Doch ich habe es da rausgeschafft, auch wenn das nicht immer einfach war. Ich weiß also zu gut, wie schwer das sein kann und wie oft man auch wieder schwach werden möchte. Bestimmt war es auch für dich nicht immer leicht, deine Kinder allein großzuziehen. Daher hoffe ich aufrichtig, dass die Behandlung dir wirklich geholfen hat und du nun standhaft sein kannst. Bitte sei tapfer für deinen Sohn, er braucht dich.

Bitte verstehe mich nicht falsch, ich sorge mich einfach um dich und natürlich auch um Mik, der mir übrigens sehr ans Herz gewachsen ist. Du hast da einen großartigen Jungen und kannst stolz auf ihn sein. Mik hatte sich hier in Selet schnell eingelebt und hat Freunde gefunden. Ich frage mich, wie wird das nun wieder bei dir zu Hause? Da ging Mik nicht so gerne in die Schule, weil sie deinen Sohn wohl auch hänseln wegen seinen Ohren. Der arme Kerl! Ich hoffe, er kommt auf keine dummen Gedanken und geht auch bei dir brav zur Schule.

Doch ich bin mir ganz sicher, lieber Bruder, dass ihr das schaffen werdet. Bestimmt wird es nicht immer einfach. Aber Ich glaube an dich, denn DU schaffst das. Du hast mich und vor allem unsere Mutter damals beschützt vor unserem Vater und nun passt du als Vater auf deinen Sohn auf. Das kannst du sicher, denn ihr seid eine Familie. Tony hilft dir bestimmt. Er hat sich offenbar sehr um seinen kleinen Bruder gekümmert, wobei ihr wirklich über das Boxen reden solltet. Ist das nicht etwas zu hart für deinen Jüngsten? Wie geht es Tony, was macht er? Klappt das mit seiner Ausbildung?

Ich glaube, dass es hilfreich wäre, mit Mik zu reden. Sprich mit ihm darüber, warum es gut ist, dass er wieder bei dir, seinem Vater, ist. Er versteht nicht immer, was Erwachsene entscheiden und bestimmt hilft es ihm, wenn er deine Sicht der Dinge erfährt.

Er war auch etwas verstört, als die beiden Mitarbeiter des Sozialamtes ihn abholten. Ich glaube, die mag er gar nicht. Aber sie könnten dir helfen, wenn mal etwas schwierig wird. Bestimmt können auch sie dich beraten oder unterstützen. Wobei die Dame mit ihren merkwürdigen Ohrringen schon speziell ist.

Bitte versprich, dich zu melden, wenn du Unterstützung brauchst. Ich bin immer für euch da, du kannst mich wirklich gerne anrufen! Denn auch wir sind eine Familie, schließlich bin ich deine Schwester und helfe euch selbstverständlich. ▶

Aber vermutlich mache ich mir nur zu viele Gedanken. Denn wer so mutig ist wie du und einen Neuanfang startet, der schafft das einfach! Bitte pass auf dich und deinen Sohn auf und meldet euch ab und zu bei mir. Das würde mich sehr freuen. Vielleicht kann mich Mik ja hin und wieder anrufen? Das wäre so schön. Er fehlt mir schon jetzt.

So, lieber Bruder. Nun wünsche ich euch alles Glück für diesen Neustart und bin in Gedanken ganz fest bei euch.

Deine Schwester Lena

PS: Grüße Mik bitte von mir
– und wer weiß, vielleicht kann er ja die nächsten Ferien bei mir verbringen?

S. 30 **Figurenkonstellation zum zweiten Teil – Das Eisland**

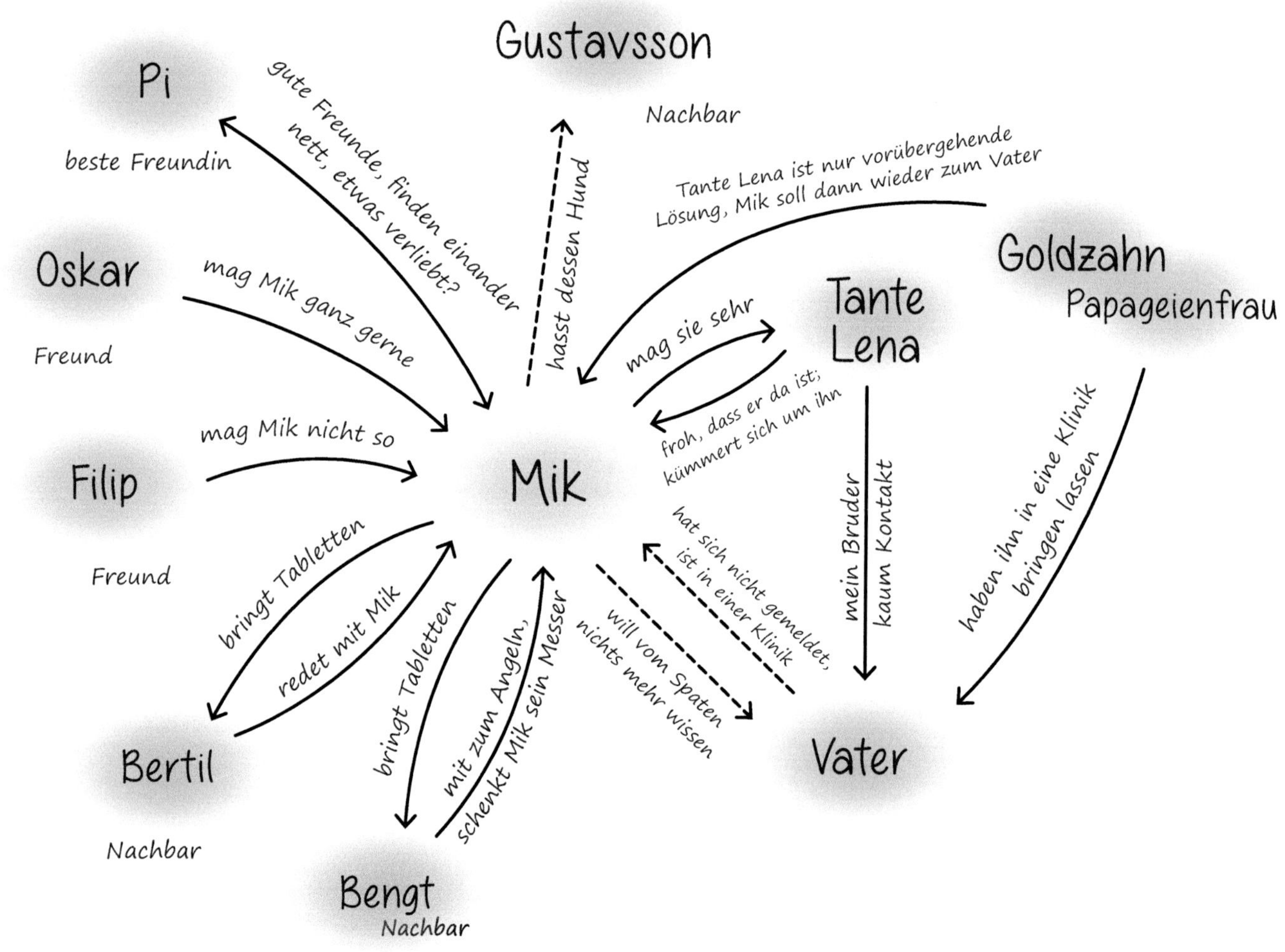

Dritter Teil – Das Zombiebuch (S. 173–192)

➲ Aufgabe 1

b)

08.03.	Tagebuch – Regeln?
11.03.	Kaninchentagebuch wird zum Zombiebuch
15.03.	Fahrt mit dem Einkaufswagen
21.03.	Zombie ohne Gedanken und Gefühle
25.03.	Tonys Verhalten – Feuer
27.03.	Zombie-Fakten
02.04.	Ton im Ohr
03.04.	Harter Boxkampf
07.04.	DVDs gestohlen
12.04.	Das Kissen von Pi
14.04.	Zombie-Fakten Teil 2
15.04.	Rockefeller Forschungsreise
17.04.	Nordahl glaubt nur Lügen
18.04.	Flugzeugunglücke – Essen wird knapp
19.04.	Pinkeln auf der Baustelle
19.04.	Luft anhalten
24.04.	Das Gewehr
25.04.	Tony nachts auf der Baustelle
04.05.	Erste Erinnerung – Nordahl
06.05.	Zombie-Merkmale
07.05.	Bauarbeiten Autohaus
08.05.	Vater = Wein und Schnaps
11.05.	Mik weint viel, Durst
12.05.	Papageienfrau und Goldzahn
13.05.	Tony kommt und geht
17.05.	Wunsch nach Veränderung
18.05.	Kannibalen – Vater trinkt
19.05.	Nordahl keine Wahrheit sagen
25.05.	Tony schlägt zu
26.05.	Papageienfrau – Familie in Bro
27.05.	Schulschwester – komische Geräusche und blaue Flecken
28.05.	Brief für Vater
02.06.	Flucht vor dem Sozialamt
03.06.	Hass auf Vater
04.06.	Bibliothek statt Schule
06.06.	Aufräumen
13.06.	Falsches Versprechen

➲ Aufgabe 2

a) Das ist nun die Innensicht von Mik und nicht mehr der Erzähler des Romans. So erfährt man viel mehr darüber, was Mik fühlt, denkt und was ihn beschäftigt. Da er das Tagebuch von Pi zu Weihnachten bekommen hat, schreibt er nun in dieses Tagebuch. Es ist sein einziger Ansprechpartner in dieser Zeit: Sein Vater ist schwer krank und mit sich selbst überfordert, Tony lässt ihn im Stich. Frau Nordahl versteht ihn falsch, weil sie es nicht für möglich hält, dass es ihm so schlecht geht.

b)
- Mik sieht sich selbst als Zombie – ein Körper ohne Gedanken und Gefühle. (21.3. – S.175)
- Ein Zombie fühlt sich seelenlos – Körper mit Gehirnschaden. (27.3. – S.176)
- Er hat die Kaninchen auf dem Umschlag mit schwarzem Filzstift übermalt, weil es ein Zombiebuch ist. (11.3. – S.175)
- Er schreibt mehrfach über die Fakten von Zombies.

c)
- Individuelle Lösung angelehnt an S.182
- Es sollte zu sehen sein:
  Trägheit, zugekniffene Augen, weiße Punkte auf der Haut, schmutzig und zerlumpt, kaputte Zähne

S.34 **Figurenkonstellation zum dritten Teil – Das Zombiebuch**

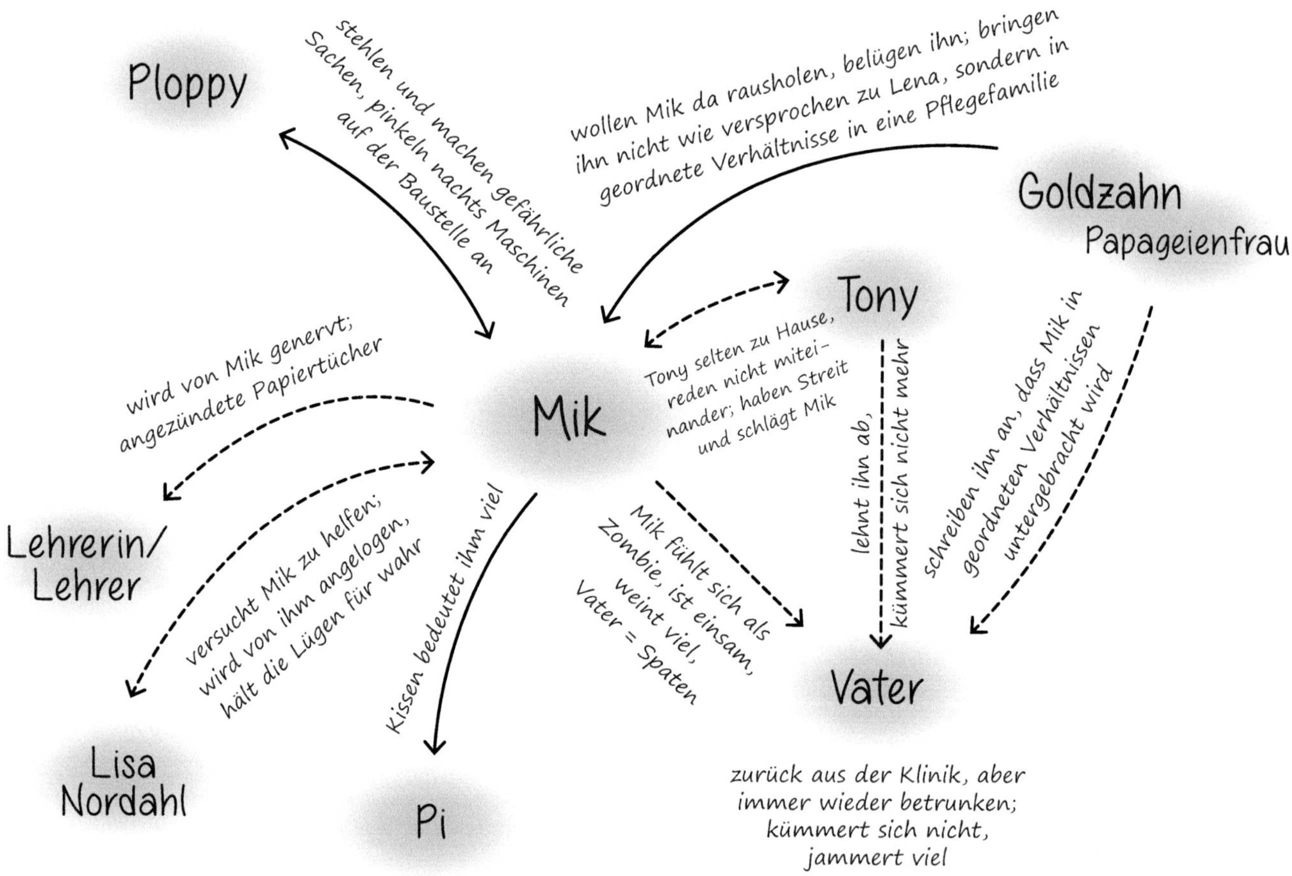

Vierter Teil – Die Plagegeister (S. 193–246)

S. 35

17 Neue Eltern | S. 195–203

Wer tritt auf: Mik, Papageienfrau, Eva, Rikard, Niklas und Louise

Wo spielt die Handlung: Auto, Hof in Bro

Was geschieht: Mik wird nicht wie versprochen zu Lena gefahren, sondern kommt zu einer Pflegefamilie. Dort gibt es sehr viele Hunde, Pferde und Ziegen und es gibt nur Rosinenschnecken, solange das Sozialamt da ist. Miks Zimmer ist im Keller und hat eine Waldtapete. Er soll beim Hundehaus mit anpacken. Sein Kissen wird ihm abgenommen.

Wichtige Beobachtung: Der Sohn der Familie erschießt einfach so große Vögel und wird vom Vater dafür gelobt. Die Familie macht keinen sympathischen Eindruck auf Mik, es wirkt für ihn bedrohlich. Er hat jetzt schon Angst vor den Hunden, da er Hunde nicht leiden kann.

➲ Aufgabe

b) Individuelle Lösung: Louise wirkt etwas schnippisch, Niklas scheint gerne mit dem Luftdruckgewehr herumzuschießen. Eva ist doch nicht so großzügig mit den Rosinenschnecken und nimmt Mik dann auch noch das Kissen weg, das ihn an Pi erinnert. Das mit dem Hundehaus könnte für Mik noch ein Problem werden.

c)

Das ist gemein, das hat mir Pi geschenkt:
Was macht sie jetzt damit? Warum darf
das nicht auf meinem Bett liegen?
Bekomme ich es wieder?

S. 36

18 Eingesperrt mit seinem Nachttopf | S. 203–209

Wer tritt auf: Mik, Niklas, die Hunde, Eva

Wo spielt die Handlung: auf dem Hof von Eva und Rikard

Was geschieht: Mik bekommt das Hundehaus gezeigt und läuft an den Hundezwingern vorbei. Dann soll er helfen, zu füttern, doch er hat Angst bei dem wilden Gebell und pinkelt sich in die Hose. Abends wird er mit einem Nachttopf in seinem Kellerzimmer eingesperrt. Vor seinem Fenster sitzt eine Sperbereule.

Wichtige Beobachtung: Mik schaukelt sich in seiner Angst und weint, offensichtlich hat er wirklich große Angst, doch Niklas hilft ihm auch nicht, sondern zeigt eher Schadenfreude darüber. Die Pflegemutter Eva geht nicht auf Mik und seine Ängste ein, sondern macht ihm Vorhaltungen und sperrt ihn allein mit seiner Angst und seinem Kummer ein.

➲ **Aufgabe**

b) Für Mik ist das die Hölle, weil er vor Hunden Angst hat. Außerdem erkennt er in Niklas, dass er zu den Plagegeistern zählt und vergleicht sich selbst mit der Kröte, die vom Plagegeist Niklas aus dem zehnten Stock geworfen wird. Er sieht die Boshaftigkeit, die von Niklas ausgeht.

c) Mik zeigt hier eine Stressreaktion. Da die Angst so groß ist, versucht der Körper, die immense Angst, die er empfindet, zu verarbeiten und der Körper entscheidet sich für das Anpinkeln. Menschen, die in großer Angst sind, reagieren manchmal so.

d)
- Er will sein Kissen.
- Er will nach Hause.
- Er will Pi anrufen und auch Tony und Lena.
- Er will jemand anrufen, der ihn retten kann.
- Er will Tengil anrufen und ihm sagen, dass er sich zum Teufel scheren kann.

S. 37

19 Der Hundefütterer | S. 209–213

Wer tritt auf: Mik und die Hunde im Hundehaus

Wo spielt die Handlung: im Hundehaus und in seinem Zimmer

Was geschieht: Mik muss 14 Hunde füttern und macht sich viele Gedanken darüber, ob die Hunde ihn anfallen und beißen, doch sobald sie das Futter bekommen, sind die Tiere friedlich. Nr. 9 hat sogar Angst vor Mik. In seinem Zimmer schreibt er einen Brief an Tony.

Wichtige Beobachtung: Die Tiere sind sehr eher harmlos. Mik denkt über die Plagegeister nach und beschreibt sie im Brief an seinen Bruder.

➲ **Aufgabe**

b) Wenn er die Käfigtür öffnet, verstummt der Hund und wartet auf den Napf. Nachdem er ihn leer gefressen hat, legt er sich hin und verhält sich ruhig. Das macht jeder Hund.

SCHREIBAUFGABE 8

Individuelle Lösung:

Lieber Mik,

eigentlich sollte dir Tony auf deinen Brief antworten, doch nun schreibe ich dir.

Ich habe von deinem Schicksal erfahren und möchte dir Mut machen, durchzuhalten.
Auch für mich hören sich diese Plagegeister entsetzlich an, doch ich fürchte, du musst aushalten, bis du der Papageienfrau erklären kannst, dass das hier keine Lösung ist.

Mik, ich weiß, das klingt jetzt etwas verrückt und vielleicht denkst du auch, dass ich das verharmlosen will: Du hast doch auch gedacht, die Hunde würden dich töten, in Wahrheit haben sie jedoch nur Hunger und werden friedlich, sobald der Napf gefüllt im Zwinger steht. Vielleicht musst du die Plagegeister auch so betrachten. Was brauchen sie denn, um zufrieden und friedlich zu sein? Vielleicht kannst du mit dieser Strategie die Zeit dort überstehen. Außerdem möchte ich dir noch etwas zu deinem Vater sagen: Es tut mir sehr leid für dich und auch für ihn, dass er es nicht geschafft hat, vom Alkohol loszukommen. Ich bin mir sehr sicher, dass du nicht so wirst wie dein Vater. Also mache dir darüber keine Gedanken. ▶

Für dich tut es mir auch sehr leid, dass sich dein Bruder nicht meldet. Das hätte ich nicht von Tony erwartet, dass er dich so im Stich lässt. Aber vielleicht hat er ja auch einen guten Grund.

Nun halte gut durch, Mik, auch wenn die Grütze und vieles Anderes so entsetzlich sind.

Viele Grüße
[Name]

S. 38

20 Der König der Hundescheiße | S. 214–221

Wer tritt auf: Mik, Eva, Rikard, Niklas, Louise, die Hunde

Wo spielt die Handlung: im Esszimmer, im Hundehaus, am See, in seinem Zimmer

Was geschieht: Nachdem Mik die Hafergrütze am Frühstückstisch erbricht und auf Cornflakes hofft, werden die Hunde zu spät rausgelassen, weshalb Mik jeden Zwinger sauber machen muss. Danach hüpft er in den See und lässt sich im Kanu treiben, weshalb er zu spät zurückkehrt und Ärger bekommt. Wieder schreibt er Tony einen Brief.

Wichtige Beobachtung: Mik macht sich Sorgen um seinen Verstand, da er befürchtet, bei dieser Arbeit abzustumpfen. Er nennt sich den König der Hundescheiße. Auf dem See träumt er von einer Person mit grünem Schirm.

Aufgabe

b) Mik mag keine Hafergrütze und möchte auch Cornflakes wie Niklas, was ihm verboten wird. Ihm wird schlecht und er erbricht in seinen Teller. Dabei wird er kurz ohnmächtig. Dann wird er zum Hundehaus geschickt und muss den Hundekot in jedem Käfig wegmachen, weil die Tiere durch diesen Zwischenfall zu spät rausgelassen wurden. Jedes Häufchen ist anders und es stinkt entsetzlich. Er entwickelt eine Wischtechnik und um den Geruch loszuwerden, hüpft er danach in den See. Dort trifft er auf Louise, die ihm den Tod wünscht. Er klettert in ein Kanu, träumt und kommt verspätet nach Hause, wo er in seinem Zimmer eingeschlossen wird, in welchem er einen Brief an Tony schreibt.

c)

Individuelle Lösung:
Auf dem Bild sollten zu sehen sein

- Fluss mit Kirschbäumen,
- Person mit grünem Schirm
- steht vor einem Haus am Fluss – er erinnert sich an seine Mutter

d) Mik verzweifelt offensichtlich und hat Angst, abzustumpfen. Er vermisst Tony und fragt sich, warum er nicht antwortet. Er bringt deutlich zum Ausdruck, dass er hier weg muss und dass das nicht gut für ihn ist.

S. 39

21 Hat Michael Rockefeller in die Hose gepinkelt? | S. 222–227

Wer tritt auf: Mik, die Hunde, Niklas

Wo spielt die Handlung: im Hundehaus, auf dem Hof der Plagegeister

Was geschieht: Mik hat keine Probleme mehr, die Hunde zu füttern. Niklas bittet ihn um den Gefallen, eine Dose zu halten, wenn Niklas darauf schießt. Er erpresst Mik damit, dass er dann nicht verrät, dass Mik Louise beim Baden beobachtet. Mik bekommt wieder Angst und pinkelt sich an. Er schreibt Tony erneut einen Brief.

Wichtige Beobachtung: Niklas ist immer wieder gemein zu Mik: Er gibt ihm Essig statt Wasser zu trinken und verlangt gefährliche Spielchen mit dem Luftdruckgewehr. Zunehmend erinnert sich Mik an seine Mutter, ist aber nicht sicher, was Traum und was Realität ist.

Aufgabe

b) Die Hunde sehen verschieden aus und unterscheiden sich auch im Wesen wie Menschen. Wer ihnen Futter bringt, ist ihr Freund. Die Hunde sind die normalsten Wesen in Bro. Er hat keine Angst mehr vor ihnen.

c)

Aktionen von Niklas	Möglicher Schutz
hilft Mik nicht, als dieser ängstlich das erste Mal das Hundehaus betritt	Mik sollte schneller aus solchen Situationen rausgehen und Abstand gewinnen.
gibt ihm Essig statt Wasser zu trinken	ihm nie trauen, und lieber hinter allem zunächst etwas vermuten
schießt auf eine Dose, die Mik über seinen Kopf hält	sich wirklich weigern und die Bedrohung in Kauf nehmen

d)

22 Der blaue Zug | S. 228–235

S. 40

Wer tritt auf: Mik, Louise

Wo spielt die Handlung: Hundehaus, am See, im Wald

Was geschieht: Mik denkt während des Putzens der Käfige über seine Situation nach. Anschließend geht er im See baden und paddelt dann mit dem Kanu auf den See. Am Ufer zurück versteckt er sich vor Louise, die nun auch am See ist und nackt badet. Als er entdeckt wird, peitscht sie ihn aus. Er rennt in den Wald und folgt den Schienen in die nächste Stadt.

Wichtige Beobachtung: Mik erkennt, dass er sich bei jemandem beschweren muss. Er hat Angst, gebrochen zu werden. Mik erkennt im Wald den Vorortzug und weiß, dass er damit nach Hause fahren kann.

Aufgabe

b) Sie hat bestimmt darauf vertraut, dass sie nicht beobachtet wird. Es ist ihr peinlich, nackt gesehen zu werden, das geht ihr einfach zu weit. Vielleicht wurde sie auch schon einmal schlecht behandelt und hat eine schlechte Erfahrung gemacht, weil sie weint und Mik vorwirft, dass er ein schmieriges kleines Ekel sei und alle gleich seien.

c) Mik wird zu keinem Zeitpunkt freundlich und respektvoll behandelt. Man geht auch zu keinem Zeitpunkt auf seinen Kummer und seinen Verlust ein, sondern behandelt ihn von Anfang an als billige Arbeitskraft, die keine Rechte hat und sich alles gefallen lassen muss. Er sieht aber auch, dass die Plagegeister selbst Probleme haben. Außerdem will er zurück zu Lena, da muss er nichts befürchten: keinen Vater, der betrunken am Boden liegt, keinen Essig statt Wasser zu trinken und keine Peitschenhiebe aus Wut. Er braucht dringend Halt und Normalität.

d) Mik kann nicht frei sein, denn er ist minderjährig, also muss jemand die Fürsorge für ihn übernehmen und sich um ihn kümmern. Er ist zu jung, um alles allein zu entscheiden. Außerdem gibt es Gesetze, die zum Schutz geschaffen wurden, um Kinder zu versorgen und zu betreuen.

23 Der Keksdieb | S. 235–240

S. 41

Wer tritt auf: Mik, Museumswärter, Kassierer, zwei Polizisten

Wo spielt die Handlung: in seiner Heimatstadt Solna

Was geschieht: Mik ist mit dem Zug in Solna angekommen. Der Tabakladen ist geschlossen, an der Wohnung passt der Schlüssel nicht und es steht ein anderer Name dort. Aus dem Museum wird er verscheucht und stiehlt im ICA-Markt zwei Featuresschokoladen sowie eine Cola, doch er wird erwischt und weil man nicht weiterweiß, ruft man die Polizei. Seine Beute darf er verzehren. Er wird im Polizeiwagen mitgenommen.

Wichtige Beobachtung: Mik ist sichtlich verwirrt, weil er niemanden antrifft an seiner alten Wohnung. Er vergleicht die Polizisten mit Veder und Kader aus *Die Brüder Löwenherz*, weil sie einschüchternd auf ihn wirken.

➲ Aufgabe

b) Mik muss feststellen, dass ihm in Solna nicht mehr alles vertraut ist. Der Tabakladen als Anlaufstelle ist leer, dort kann er also keine Bitterschokolade mehr bekommen. Sein Zuhause existiert nicht mehr, da der Schlüssel nicht mehr passt und an der Tür steht ein anderer Name. Er ist allein, hat Hunger, ist erschöpft und fühlt sich einsam.

c) Offenbar erkennen das Personal des ICA-Marktes und auch die Polizisten, dass er wirklich Hunger hat und nirgendwo hinkann. Daher gesteht man ihm das zu.

d) Individuelle Lösung

S. 42

24 Aus dem Grab | S. 240–245

Wer tritt auf: Mik, Polizisten, Papageienfrau, Plagegeister, Tante Lena

Wo spielt die Handlung: Polizeirevier, Auto, Bro, Selet

Was geschieht: Mik übernachtet im Polizeirevier in einer nicht abgeschlossenen Zelle. Die Papageienfrau fährt ihn nach Bro zu den Plagegeistern, im Auto stiehlt er ihren Geldbeutel. In Bro soll er ein Grab schaufeln für Jasack. Mik gräbt drei Tage lang. Mik klettert aus dem Grab, rennt in den Wald und flüchtet mit dem Geld zu Tante Lena.

Wichtige Beobachtung: Niklas wirft eine erschossene Sperbereule ins Grab. Das ist zu viel für Mik, völlig erschöpft flieht er.

➲ Aufgabe

b) ☒ Er schlief in einer Zelle bei der Polizei.
☒ Am nächsten Morgen wurde er von der Papageienfrau zurückgefahren.
☒ Mik warf den Spaten weg und floh in den Wald.
☒ Gustavssons Hund hörte nun auf Mik und machte ihm keine Angst mehr.
☒ Lena nahm Mik in die Arme.

SCHREIBAUFGABE 9 – Mindmap

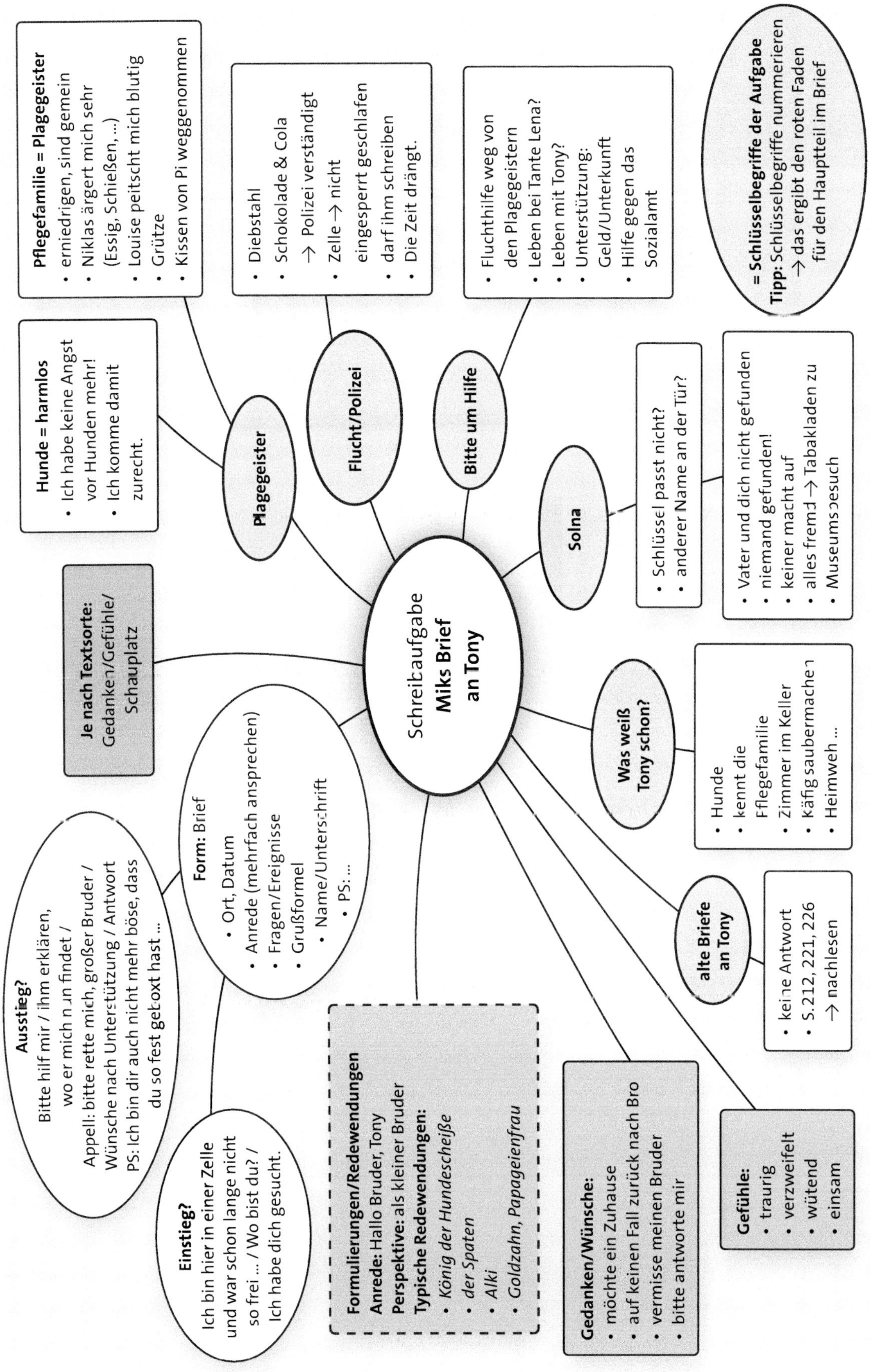

SCHREIBAUFGABE 9 – Lösungsvorschlag

Stockholm, 10.06.

Hallo Tony,

wie geht es dir? Ich bin wieder in Solna! Es ist schlimm, ich habe weder dich noch Papa gefunden. Wo seid ihr? Alles ist anders. Der Schlüssel passt nicht und es ist ein anderer Name an der Tür. Ich habe geklingelt und geklingelt, Tony, aber niemand hat aufgemacht. Warum steht an unserer Tür ein anderer Name? Ich verstehe das nicht. Der Tabakladen ist auch zu, ich hatte so Hunger, aber dazu komme ich später. Dann bin ich in das Museum gegangen, doch ich wurde rausgeschickt, weil ich nicht bezahlt hatte und es hat zugemacht. Tony, wo bist du nur und warum antwortest du nicht auf meine Briefe? Du fragst dich bestimmt, wieso ich hier bin, oder? Ich habe es bei den Plagegeistern nicht mehr ausgehalten. Ja, ich bin abgehauen. Sie sind gemein zu mir und erniedrigen mich. Es wird dort einfach immer brutaler. Neulich musste ich eine Dose halten, auf die Niklas mit dem Luftgewehr schoss. Die in Bro sind einfach unberechenbar, Tony. Zum Beispiel Niklas, er schießt auf mich und gibt mir statt Wasser Essig zu trinken, das war so eklig! Eva, die Mutter, gibt mir immer Grütze zu essen. Ich hasse Grütze, du weißt das. Ich muss kotzen und sie hat mir das Kissen von Pi weggenommen. Sie meinte, ich wäre dafür zu groß. Wenn das kein Grund genug ist, Tony, dann höre dir das an. Louise hat mich mit ihrer Peitsche geschlagen. Ich fühle den Schmerz immer noch. Das Einzige, was gut ist, sind die Hunde. Genau, die Hunde. Ich habe keine Angst mehr vor denen. Sie sind harmlos, mit ihnen komme ich zurecht. Wie du schon weißt, kommen mir dort sieben Tage wie sieben Jahre vor. Wegen den Plagegeistern bin ich geflohen.

Doch zurück zu meiner jetzigen Situation. Da der Tabakladen geschlossen war, bin ich in den Supermarkt gegangen und weil ich kein Geld und Hunger hatte, musste ich stehlen! Darum nahm ich mir zwei Tafeln Keksschokolade und Cola. Natürlich wurde ich erwischt und die Polizei kam.

Jetzt bin ich in einer Zelle. Keine Sorge, die Tür ist offen. Das ist mal was anderes für mich. Bei den Plagegeistern wurde ich nachts immer eingesperrt, aber das weißt du ja aus meinen Briefen. Zum Glück kann ich dir aus der Zelle schreiben, aber die Zeit drängt, morgen kommt wieder das Sozialamt. Die nerven langsam! Ich bin verzweifelt, sie bringen mich zurück zu den Plagegeistern. Weißt du, wie ich am besten flüchten kann? Ich will bei Tante Lena wohnen, dort war es am besten! Oder bei dir, Tony? Außerdem brauche ich Hilfe gegen das Sozialamt, sie wissen nicht, was das Beste für mich ist. Ich möchte ein richtiges Zuhause. Es ist so einsam und traurig ohne dich, ich vermisse dich. Was denkst du, muss ich wieder zu denen gehen? Ich will das auf keinen Fall! Bitte antworte mir diesmal, bitte Tony. Ich habe von den alten Briefen immer noch keine Antworten von dir. Ich hoffe, mein Brief erreicht dich, weil er dir nachgesendet wird. Wo bist du?!

Liebe Grüße
Dein verzweifelter Bruder Mik

PS: Ich hoffe, dass wir uns bald sehen können.

Figurenkonstellation zum vierten Teil – Die Plagegeister (S. 247–332)

S. 43

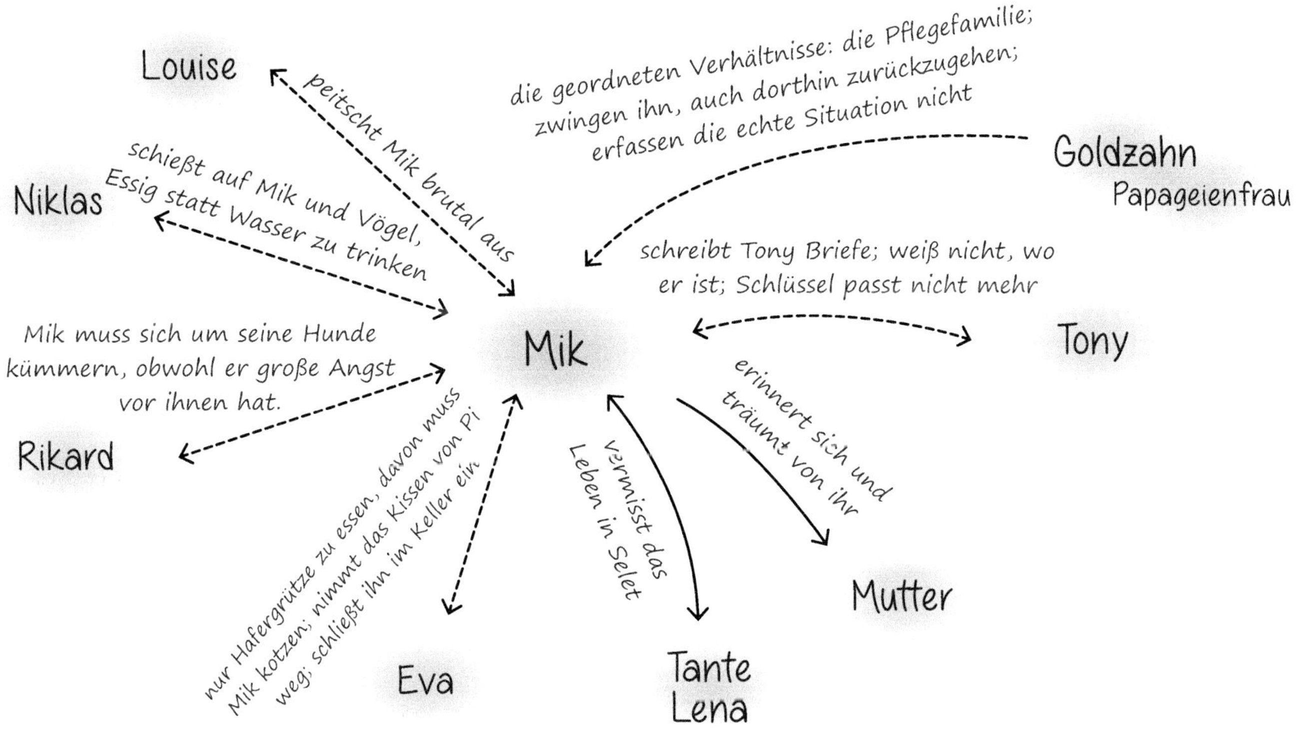

Fünfter Teil – Das Floß (S. 247–332)

S. 44

25 Ein Held | S. 249–259

Wer tritt auf: Mik, Lena, Pi, Filip, Oskar

Wo spielt die Handlung: zu Hause bei Lena, am Fluss

Was geschieht: Mik ist zurück bei Lena. Mit Pi, Filip und Oskar verbringt er den Tag am Fluss. Mik gibt nicht zu, dass er nicht schwimmen kann, Pi muss ihn retten. Mit den Freunden baut er ein Floß und erzählt dabei von seiner Zeit bei den Plagegeistern. Es beginnt ein Schwimmkurs für Mik. Pi hat kein Muttermal mehr.

Wichtige Beobachtung: Die Freunde sind beeindruckt und sehen ihn als Helden. Pi berührt Mik oft und sucht seine Nähe. Pi möchte Mik das Schwimmen beibringen. Mik ist stolz auf seine Erzählungen.

➲ **Aufgabe**

b) Mik war zuletzt hier das Alkoholikerkind, aber jetzt hatte er Mut gezeigt und war geflohen und musste viel durchmachen. Die anderen sehen ihn nun als Helden. Das stärkt sein Selbstbewusstsein und gibt ihm mehr Sicherheit.

c) Trockenschwimmen – dann erster Versuch im Wasser – danach mit Strick um den Bauch

d) Mik fühlte sich von Anfang an in Selet wohl und mag Pi sehr. Nun ist er bei seinen Freunden angekommen, das beruhigt ihn und macht ihn zufrieden. Davor musste er immer in Angst leben, weil er nicht wusste, was mit seinem Vater ist, wenn er nach Hause kam und auch bei den Plagegeistern wusste er nie, was sich Niklas oder Louise ausdachten. Hier in Selet besteht diese Bedrohung nicht, deshalb wird er so ruhig, da er sich sicher fühlt.

SCHREIBAUFGABE 10 – Mindmap

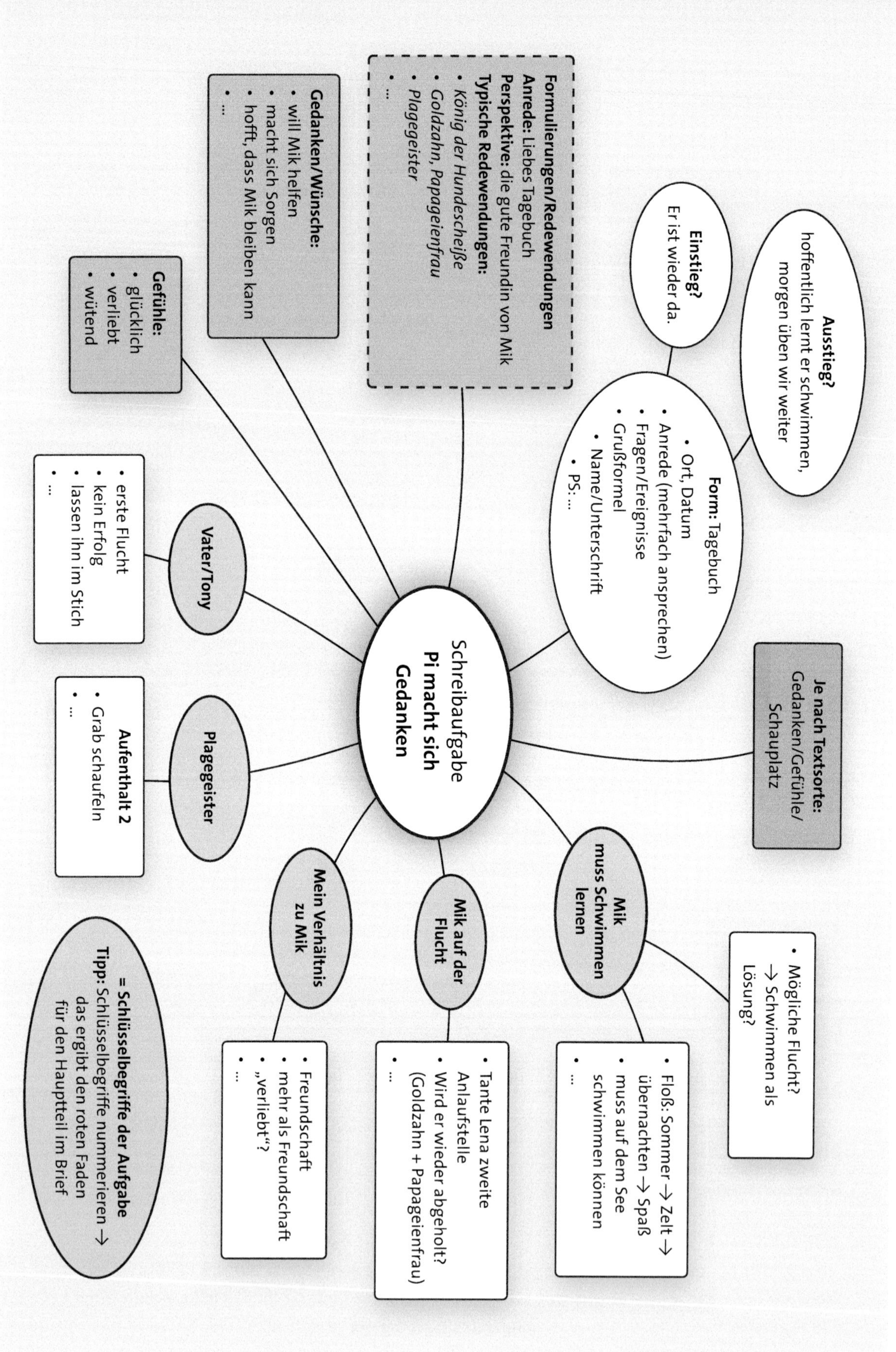

SCHREIBAUFGABE 10 – Lösungsvorschlag

Selet, 20.07.

Liebes Tagebuch,

Mik ist wieder da, genau Mik! Ich bin so glücklich und froh, dass er da ist. Er hat alles erzählt und wie es bei den Plagegeistern war. Ohne Mik war es langweilig. Ich war zwar mit Oskar und Filip unterwegs, aber das ist nicht wie mit Mik. Oskar ist zwar auch lustig und Filip immer vorsichtig, aber Mik ist mutig und lustig. Er ist der König der Hundescheiße und er hat von diesen Plagegeistern erzählt. Mik musste richtig viel durchmachen. Das hätte ich nicht geschafft, liebes Tagebuch. Dem Jugendamt ist es egal, wie es Mik geht. Diese Papageienfrau will Mik sogar nach Bro zurück zu den Plagegeistern bringen und das macht mich richtig wütend. Wie kann man Mik nur helfen, ich habe Angst um ihn.

Meine Idee ist, dass wir mit dem Floß flüchten vor dem Sozialamt. Doch dafür muss Mik unbedingt schwimmen können. Heute haben wir versucht, es Mik beizubringen. Aber wir haben es nicht geschafft, wir müssen ihm noch sehr viel helfen und üben, liebes Tagebuch.

Dass Mik unser Geschäft mit dem Finderlohn an Lena verraten hat, habe ich ihm schon längst verziehen. Ich habe Mik sehr vermisst, als er weg war, die Zeit war etwas einsam ohne ihn. Ich glaube, ich mag Mik mehr, als ich mir bisher zugestanden habe.

Und der arme Mik musste schon so viel durchmachen. Seine Mutter ist gestorben, als er noch klein war, sein Vater ist Alkoholiker. Auf seinen Bruder Tony ist anscheinend auch nicht so viel Verlass, zumindest habe ich nichts mitbekommen in der Zeit, als Mik bei uns war im Winter. Und dann diese Plagegeister! Mir wird ganz schlecht, wenn ich daran denke, was sie ihm alles zugemutet und wie sie ihn behandelt haben. Dass sich so jemand Pflegefamilie nennen darf, ist ein echter Hohn. Von Pflege kann da keine Rede sein, sondern eher von Gewalt, Schikane und Vernachlässigung. Es ist so gut, dass er von da weggelaufen ist. Nun müssen wir ihn schützen, damit er dorthin nicht zurückmuss.

Wir werden unser Bestes geben. Mit Mik werden wir noch viel erleben, das spüre ich.
Zunächst bleibt es aber unter uns, was ich für Mik empfinde.

Bis zum nächsten Mal
Pi

S. 45

26 Das Floß ist bereit | S. 260–266

Wer tritt auf: Mik, Lena, Pi, Filip, Oskar, Bertil

Wo spielt die Handlung: in Selet am Fluss und auf dem Floß

Was geschieht: Miks Schwimmtraining geht weiter mit Schwimmhilfe, aber ohne Erfolg. Das Floß ist fertig und bekommt ein Zelt. Übernachtung im Zelt auf dem Fluss, sie begegnen auf dem Wasser Bertil. Die Ausrüstung für das Floß wird aufgestockt und für die mögliche Flucht gerüstet.

Wichtige Beobachtung: Mik mag die Stimme von Pi. Das Schwimmtraining ist noch ohne Erfolg. Die Freunde stellen Überlegungen für die Flucht an.

Aufgabe

b) Mik bekommt sowohl die Schwimmhilfe von Filips kleiner Schwester als auch das Seil umgebunden und soll neben dem Floß herschwimmen, doch er geht weiterhin unter.

c) Pi möchte, dass Mik bereit ist für die Flucht. Man muss damit rechnen, dass das Sozialamt erscheint, weil sicherlich längst klar ist, dass er von den Plagegeistern geflohen ist. Da Mik nicht bei Lena bleiben darf, denkt sich das Sozialamt bestimmt eine Lösung aus. Pi möchte aber, dass Mik für immer bleiben kann.

d)
- Kochtöpfe
- Angelrute
- Kompass
- Pflaster
- Feldstecher
- Pfeil und Bogen
- Dosen: Fleischklößchen, Erbsen, Bohnen, Tomatensuppe, Mais, Gulasch und Ananas
- Dosenöffner
- Karton mit Makkaroni
- Rosinenpackungen

S. 46

27 Der Paragraf | S. 266–276

Wer tritt auf: Mik, Bengt, Polizei, Papageienfrau, Pi, Oskar, Filip,

Wo spielt die Handlung: bei Bengt, zu Hause bei Lena, auf dem See

Was geschieht: Mik schaut fern mit Bengt und sieht sich in den Nachrichten: Nach ihm wird gefahndet. Die Polizei meldet sich bei Lena nach Hinweisen aus der Bevölkerung, auch die Papageienfrau ruft an. Mik geht mit Bengt angeln. Lena stellt einen Antrag auf das Sorgerecht und muss viele Formulare ausfüllen. Die Freunde sind sehr beeindruckt.

Wichtige Beobachtung: Große Aufregung im Dorf, Mik ist berühmt. Er schläft schlecht und hat nachts Schweißausbrüche vor Angst.

Aufgabe

b) Sie muss zunächst ruhig mit der Frau sprechen und dann muss sie Antragsformulare ausfüllen. Ihr Haus wird inspiziert werden, sie wird befragt werden, ihr Leben wird durchleuchtet: verheiratet, Partner, Alkohol, Drogen, finanzielle Lage ...

c)

Mik

Mein Bruder ist verschwunden. Jede Menge Briefe, aber er antwortet nicht. Ich wünsche mir, dass er hier ist. Ich möchte ihm viel erzählen und zeigen.

Bengt

Mein Bruder ist ein Idiot und spricht in Rätseln. Ich wünsche mir, dass mein Bruder aus dem Boot fällt, sich im Netz verheddert und auf den Grund sinkt, damit ich ihn retten kann und wir quitt sind.

SCHREIBAUFGABE 11 – Lösungsvorschlag

Selet, 28.07.

Liebes Tagebuch,

ich will hier nicht mehr weg. Doch nun passiert es schon wieder. Sie kommen! Sie kommen und werden mich holen. Es war nur eine Frage der Zeit! Was mache ich bloß? Angst, oh, ich habe solche Angst. Ich will nicht weg von Lena und auch nicht weg von Pi. ...
Ich mag auch Bengt und ich mag Selet.

Warum fragt eigentlich keiner, was ICH will? Was ICH für das Beste halte? Das Sozialamt bestimmt über meinen Kopf hinweg. Das ist nicht gerecht! Lena hat gesagt, dass ich wieder zurück zur Pflegefamilie muss und das so schnell wie möglich. Sind die noch zu retten? Kapiert es denn keiner, wie man mich dort behandelt? Glaubt die Papageienfrau ernsthaft, dass die jemals und vor allem JETZT noch nett zu mir sind? Die waren NIE nett zu mir und warum sollten die Plagegeister das jetzt tun?! Die sind dort doch alle verrückt. Niklas mit seinem Druckluftgewehr und Louise mit ihrer Reitpeitsche – aber auch deren Eltern sind irgendwie wahnsinnig. Warum sperrt man mich nachts mit einem Nachttopf in ein Kellerzimmer ein? Das ist doch nicht normal! Und wo soll ich sonst hin? Mit ihrer Idee, mich zurück zu Vater zu bringen, haben sie doch auch versagt. Mein Vater, besser der Spaten, stellt auch eine Gefahr dar. Ich will nicht mehr in Angst leben.

Bei Lena ist alles gut. Sie ist gut, das Essen ist gut. Es gibt Essen. Immer. Keine Grütze. Käsebrote. Sie ist nett, ihr Haus ist schön, wenn auch etwas verrückt. Ich kenne einfach sonst niemanden, der Bücher verbrennt, um zu heizen. Aber Lena tut keinem was, sie ist eine tolle Tante und kümmert sich auch um die anderen im Dorf. Sie ist geeignet. Ja, sie darf ruhig das, wie hieß es doch gleich, genau, das Sorgerecht für mich haben.

Pi hat eine Idee. Wir sollen fliehen mit dem Floß. Weg sein, bevor das Sozialamt kommt. Aber ich kann immer noch nicht schwimmen und ich bin mir nicht sicher, ob unser Floß auf dem Selet standhält. Hoffentlich funktioniert das, ich muss einfach schwimmen lernen, das Floß ist bereit und ich muss mich bereithalten. Wir haben keine Zeit. Wir müssen los.

Morgen früh am besten, schnell weg. Weg, um bleiben zu können.
Hoffentlich geht mein Wunsch in Erfüllung!

Mik

S. 47

28 Jetzt sind sie da | S. 276–279

Wer tritt auf: Mik, Pi, Oskar, Filip,

Wo spielt die Handlung: an der Brücke über den Fluss

Was geschieht: Mik muss ein verschärftes Schwimmtraining absolvieren, das ihm seine Kräfte raubt. Der silberne Wagen von Goldzahn fährt in Richtung Lena und Mik begreift, dass sie nun da sind. Er fällt verzweifelt in die Arme von Pi und die Freunde beschließen, sofort zu fliehen.

Wichtige Beobachtung: Mik durchläuft hier eine große Angst und Panik, in der alles vor seinem inneren Auge abläuft.

Aufgabe

b) Mik muss nun gegen die Strömung schwimmen. Dazu lässt man ihn an der Brücke an einem Strick herunter und er soll mit dem Strick um den Bauch mit Schwimmbewegungen gegen das Wasser ankämpfen.

c) z. B.: S. 278, Z. 11–19

S. 48

29 Der Paragraf fliegt | S. 280–284

Wer tritt auf: Mik, Pi, Filip und Oskar

Wo spielt die Handlung: auf dem Floß

Was geschieht: Mik flieht mit Pi, Oskar und Filip. Sie paddeln mit dem Floß in Richtung Fluss. Da auf dem See wenig Strömung ist, fällt das Paddeln schwer und kostet sie viel Kraft. Ihre Handys werfen sie ins Wasser, um nicht erreichbar zu sein. Ihr Nachtlager machen sie noch auf dem See und tarnen sich.

Wichtige Beobachtung: Mik erkennt, dass nur er bedroht ist und hält seine Freunde nicht für feige.

Aufgabe

b) Sie werfen ihre Telefone ins Wasser, um nicht mehr erreichbar zu sein. Außerdem bleiben sie bei ihm und gehen nicht auf seinen Vorschlag ein, ihn allein weitergehen zu lassen.

c) Individuelle Lösung

d)

Hoffentlich geht es ihm gut.
Ich weiß, dass sie auf dem Floß sind.
Hoffentlich passiert ihnen nichts! Der
arme Mik, bestimmt hat er große Angst,
zurückzumüssen. Er kann bestimmt
nicht schlafen, wie gerne würde ich ihn
jetzt beruhigen und trösten.

S.49

30 Nur noch Erbsen übrig | S.285–292

Wer tritt auf: Mik, Pi, Oskar und Filip

Wo spielt die Handlung: auf dem Floß stromabwärts

Was geschieht: Die Freunde überstehen die Stromschnellen und freuen sich darüber sehr, aber es gibt Verluste: ein Paddel und ein großer Teil der Essensvorräte sind weg. Es wird geangelt, aber Oskar mag keinen Fisch. Eine Dose explodiert im Feuer, somit sind nur noch Erbsen übrig.

Wichtige Beobachtung: Mik bewertet Pi auf einer Skala von 1–10 mit einer 11 oder 12. Der laute Schrei eines großen Vogels lässt Mik nicht schlafen.

Aufgabe

b) Individuelle Lösung

c) *Die Floßbesatzung arbeitet verbissen und bewegt sich auf die **Stromschnellen** zu. Das Floß wird dabei immer **schneller** und Pi rät Mik, sich gut **festzuhalten,** da er noch nicht **schwimmen** kann. Die Stromschnellen richten großen Schaden an und so zerbrechen die **Stangen** des Zeltes. Oskar verliert dabei sein **Paddel.** Leider verlieren die Freunde auch fast den ganzen Proviant. Es sind nur noch **Fleischklößchen** und **Erbsen** übrig. Mik und Pi versuchen deshalb, **Fische** zu angeln, doch Mik ist nicht sehr erfolgreich und angelt nur einen **Tannenzapfen.** In der Nacht schreit ein großer **Vogel,** weshalb Mik bis zum Morgen **wach** bleibt.*

d) Individuelle Lösung, denkbar wäre z. B. eine Erbsensuppe

S.50

31 Die Karmaschlange | S.293–303

Wer tritt auf: Mik, Pi, Oskar und Filip

Wo spielt die Handlung: auf dem Floß stromabwärts in Richtung Wasserfall

Was geschieht: Die Freunde fahren mit dem Floß weiter auf die Borgstromschnellen zu, doch diesmal nimmt das Floß großen Schaden und keiner jubelt. Oskar und Filip geraten über Essen, das sie nicht haben, in Streit. Filip gibt Mik die Schuld für ihre Situation. Das Floß bewegt sich auf einen Wasserfall zu, die Freunde können sich ans Ufer retten, nur Mik muss schwimmen. Oskar ist danach traumatisiert und spricht nicht mehr.

Wichtige Beobachtung: Filip bezeichnet Mik als Alkikind und dass er die Probleme habe. Mik stimmt ihm zu, dass er das nicht vergessen habe.

➲ **Aufgabe**

b)

	Äußerungen der Freunde	**Miks Gedanken dazu**
Pi	*Morgen kommen wir …* an irgendeiner Brücke oder an einem Dorf vorbei. Dort können wir anrufen und uns abholen lassen.	*Ich ziehe die Stromschnellen vor …,* denn ich möchte nicht zu den Plagegeistern zurück. Das war meine Wahl. Bestimmt bereuen die Freunde schon alles.
Filip	Alles ist deine Schuld. Ist dir das klar? Du hast Probleme. Du bist ein Alkikind. Ich habe keine Probleme. Was habe ich hier eigentlich verloren?	Die Flucht ist sinnlos, ich selbst bin das Problem. Und vor sich selbst kann man nicht fliehen. Man landet jedes Mal wieder am Kannibalenstrand.
Oskar	Ich habe keine Lust, den beschissenen Wald zu essen. Was gäbe ich für ein Käsebrot …	Alles war schließlich meine Schuld. Ich war das Problem. Ich bin das Problem. Das Problemkind.

c) Als Mik den Wasserfall hinabstürzt, kämpft er ums Überleben. Das scheint ihn so anzufeuern, dass er endlich schwimmt. Als hätte es im Kopf einen Schalter umgelegt, dass er nun alles geben muss.

d) **Für Mik:** Er muss zu den Plagegeistern – es gibt keinen Ausweg. Er verliert seine Freunde und Lena. **Für seine Freunde:** Sie können zurück ins Warme, bekommen zu essen und kehren zu ihren Familien zurück. Sie verlieren aber auch Mik, ihren Freund, weil er wegmuss.

S. 51

32 Der Herbst | S. 303–314

Wer tritt auf: Mik, Pi, Filip, Oskar, Lena, Bengt, das Dorf Selet, Tony

Wo spielt die Handlung: zu Hause bei Lena, am See, Busbahnhof

Was geschieht: Man hat nach den Freunden gesucht. Bengt hat von allen Unterschriften gesammelt, damit Mik bleiben kann. Mik darf bleiben und verbringt seine Zeit mit den Freuden. Er ist Pi nähergekommen. Tony kommt zu Besuch, übernachtet und geht mit Mik angeln. Verabschiedung am Busbahnhof unter Tränen.

Wichtige Beobachtung: Tony hat sich verändert und konnte keine Briefe schreiben. Nur sie beide sind übrig als Zombiekinder. Mik will nicht begreifen, dass Tony im Gefängnis ist und ist sehr traurig, als Tony geht.

➲ **Aufgabe**

b) Mik hat es verdient, bei uns in Selet zu bleiben, er ist ein lieber und hilfsbereiter Junge, der gut hierher passt. Manche haben wohl auch etwas gutzumachen, weil sie Mik verpfiffen haben.

d) Tony hat zusammen mit Dennis eine Tankstelle überfallen und dazu das Gewehr aus Vaters Wandschrank benutzt. Das ist ein bewaffneter Raubüberfall, für den man ins Gefängnis muss.

e) Individuelle Lösung: mögliche Bedeutung:
→ **Trost:** am ersten Abend bei Lena, nachdem er nicht weiß, was mit Tony und Vater ist
→ **Ruhe und Frieden:** aus dem Kellerfenster, wenn er bei den Plagegeistern eingesperrt ist
→ **Trauer:** Als er Jasacks Grab schaufeln muss, wirft Niklas eine erschossene Sperbereule in das Grab.
→ **Trost:** als er sich von Tony verabschieden muss
Die Sperbereule taucht da auf, wo Mik Unterstützung braucht.

33 Der Brief | S. 314–319

S. 52

Wer tritt auf: Mik, Bengt, Bertil, Lena

Wo spielt die Handlung: auf dem Selet, zu Hause bei Lena

Was geschieht: Der Winter ist da und Mik geht mit Bengt zum Eisfischen. Bengt fängt nun für sich selbst. Bertil hat sich einen Motorschlitten gebaut und ist sehr schnell fertig. Lena hat Post bekommen. Darin steht, sie sei nicht genug und sie ist sehr wütend.

Wichtige Beobachtung: Bengt wünscht sich, dass Bertil mit seinem Teufelszeug einbricht und versinkt, damit er ihn retten kann. Mik erstarrt vor Angst, als er versteht, dass Lena als sein Vormund nicht gut genug ist.

Aufgabe

b) Er lässt Gustavsson dort für sich einkaufen.

c) Bengt verkraftet immer noch nicht, dass er in der Schuld seines Bruders steht, weil dieser ihn gerettet hat. Deshalb möchte er nun Bertil retten, damit sie quitt sind.

d)

Nun muss ich doch weg. Wenn Lena nicht gut genug ist, muss ich weg! Es hört nicht auf! Warum kann ich hier nicht in Ruhe bleiben? Sie ist mehr als gut genug, sie ist perfekt! Der Spaten könnte so nie sein. Es soll endlich aufhören. Ich bin hier doch zu Hause, ich bin angekommen. Warum will man uns das zerstören? Wie können sie so blind sein? Haben sie nicht verstanden, warum wir vor ihnen geflohen sind? Warum sollte Lena alles ausgefüllt haben, wenn sie es nicht auch will? Wir wollen das. Wir sind uns genug.

34 Rosa Raupen rudern | S. 319–324

S. 53

Wer tritt auf: Mik, Pi, Lehrerin, Oskar, Filip, Papageienfrau, Goldzahn, zwei Polizisten

Wo spielt die Handlung: im Klassenzimmer, auf dem Schulhof

Was geschieht: Mik ist in der Schule und arbeitet mit Pi, als das Sozialamt und die Polizei erscheinen. Die Lehrerin schreitet ein und weist einen Polizisten zurecht, die Klasse lacht diesen aus und Mik flieht. Er wird verfolgt, kann sich jedoch befreien und flieht in Richtung See.

Wichtige Beobachtung: Die Lehrerin setzt sich sehr für Mik ein, aber auch die Klasse, weil sie Schneebälle werfen, um Chaos zu stiften und so Mik zur Flucht verhelfen.

➲ Aufgabe

b) Sie wollen vermutlich eine schnelle und reibungslose Inobhutnahme. Sie versuchen, emotionale Ausbrüche zu vermeiden, weil sie das ohne große Zwischenfälle erledigen wollen. Sie müssen damit rechnen, dass Lena nicht so einfach zustimmt.

c) Individuelle Lösung: Es ist mutig von der Lehrerin und sie reagiert auch schnell. Die Methode, den Polizisten bloßzustellen, ist vielleicht nicht ganz nett, hilft hier aber sehr.

d)

Gründe für Miks Entschlossenheit	Miks Möglichkeiten in dieser Situation
• Es ist seine letzte Möglichkeit, dem Amt zu sagen, dass er das nicht will. • Er weiß, wenn er sich nicht widersetzt, dass er Lena und seine Freunde lange nicht wiedersieht. • Er fürchtet den erneuten Aufenthalt bei den Plagegeistern und will dort auf keinen Fall hin.	• Er kann versuchen, zu verhandeln, doch da man schon die Polizei dabeihat, ist das sehr aussichtslos. • Er kann also nur fliehen, um sich der Situation zu entziehen.

e) Da es noch nicht sehr kalt ist, ist das Eis noch sehr dünn und trägt noch nicht so gut. Es besteht die Gefahr, einzubrechen und unter das Eis gezogen zu werden. Das würde seinen Tod bedeuten.

S. 54

35 Ein Schwert aus Eis | S. 324–332

Wer tritt auf: Mik, Pi, Tante Lena, Bengt, das Dorf, Sozialamt und Polizei, Feuerwehr, Presse

Wo spielt die Handlung: auf und am Selet

Was geschieht: Mik steht nur mit Pulli am Strömungsbrunnen. Bengt macht dem Sozialamt Druck mit seiner Unterschriftenliste und der Presse. Er versucht, Mik zu überzeugen, ans Ufer zu gehen, als das Eis knackt und Mik einbricht und unter das Eis gezogen wird. Bengt eilt voraus, hackt ein Loch und schafft es, Mik rauszuziehen.

Wichtige Beobachtung: Bengt kümmert sich rührend um Mik und versucht alles, damit er überlebt. Pi muss zurückgehalten werden, weil sie auch zu Mik will, und Lena schreit gellend und verzweifelt.

➲ Aufgabe

SCHREIBAUFGABE 12 – Lösungsvorschlag

Auf der Flucht vor dem Sozialamt

Selet ist ein kleines Dorf mit 163 Einwohnern, die sich heute alle am See versammelt haben. Auch Polizei und Feuerwehr sind im Einsatz und warten, ob sie helfen können.

Den Anlass, bei klirrender Kälte draußen am See zu verharren, gibt der fast zwölfjährige Mik Backman, der heute hier aus dem Unterricht geholt werden sollte, um zu einer Pflegefamilie nach Bro gebracht zu werden. Wie das Sozialamt hier vor Ort verlauten ließ, handelt es sich um eine

Inobhutnahme, weil das Familiengericht zu der Einschätzung kam, dass Mik nicht länger bei seiner leiblichen Tante hier in Selet wohnen dürfe, da diese den Ansprüchen für ein Sorgerecht über Mik nicht genüge. Die Rechtslage scheint eindeutig. Doch was treibt einen Jungen bei dieser Kälte aufs Eis, da er doch sicherlich weiß, wie gefährlich das ist?

Laut den Bewohnern von Selet ist Mik bereits zweimal von dieser Pflegefamilie weggelaufen und war nun seit dem Sommer hier in Selet bei seiner Tante. Alle 163 Bewohner haben hier auf einer Liste unterschrieben, um das Bleiberecht für Mik einzufordern, da sie den Jungen ins Herz geschlossen haben. Es stellt sich die Frage, warum die Tante nun seit dem Sommer gut genug war, doch nun den Ansprüchen nicht mehr genügt. Wir hoffen aufrichtig, dass Mik nichts passiert und werden weiterberichten.

c)

Zuschauer	Gedanken während Mik ins Eis einbricht und untergeht:
Bengt	Du darfst nicht sinken, das wäre dein Tod. Bitte bleib oben.
Pi	Mik, bitte halte dich fest. Warum benutzt du das Messer nicht? Schwimm Mik!
Tante Lena	Nein, ich will dich nicht verlieren, kämpfe. Bitte Bengt, rette meinen Mik!
Lehrerin	Oh Gott, wie entsetzlich! Der arme Mik. Ich kann gar nicht hinschauen.
Papageienfrau	Nein, das bedeutet Ärger, der Junge darf nicht sterben!
Reporter	Das wird eine Schlagzeile: Junge stürzt sich in den See, weil er bei der Tante bleiben möchte.
Goldzahn	So ein Mist, hätte er nicht mit mir mitgehen konnen? Wenn der jetzt stirbt ...
Polizist	Was haben sie dem armen Jungen bloß angetan? Jetzt stirbt er hier, weil er nicht bleiben darf.

SCHREIBAUFGABE 13 – Lösungsvorschlag

Selet, 20.11.

Lieber Tony,

bestimmt hast du es aus den Nachrichten mitbekommen, aber keine Sorge, es geht mir gut.

Ja, das war ganz schön knapp. Ich kann dir sagen und kalt war es auch. Aber diese Papageienfrau und der Goldzahn haben es wirklich auf die Spitze getrieben. Sie sind einfach in meinem Klassenzimmer aufgetaucht. Doch meine Lehrerin war super, die hat sich nicht beeindrucken lassen, obwohl das Sozialamt zur Verstärkung noch zwei Polizisten mitgebracht hat. Inobhutnahme heißt das. Das hatte ich schon mal in Solna gehört. Das Sozialamt kommt gerne in die Schule. Nur diesmal haben sie nicht mit meiner Lehrerin gerechnet, die hat die Polizisten ganz schön rund gemacht. In jedem Falle konnte ich rausschlüpfen und mein einziger Fluchtweg war der zugefrorene See. Ja, das war sehr riskant und wenn ich darüber nachdenke, wird mir schon etwas mulmig. Tony, du musst dir das vorstellen: Ich bin ins Eis eingebrochen, es war so kalt wie tausend Nadeln und dann konnte ich mich nicht festhalten. Ich bin einfach unter das Eis gerutscht. Oh, Tony, das war beängstigend, aber auch schön. Alles war still und ich hatte so Glück. Bengt hat sich ▶

ausgerechnet, wohin es mich treiben würde, und ist dann vorausgeeilt und hat ein Loch gehackt. Dadurch konnte er mich dann rausziehen, als ich vorbeigetrieben wurde. Stell dir mal vor, Tony! Wenn Bengt sich verrechnet hätte oder nicht schnell genug gehackt hätte, dann hätte man mich erst im Frühjahr gefunden. Du fragst dich vielleicht, warum ich das schöne Messer nicht benutzt habe. Ja, das habe ich versucht, aber die Finger waren so kalt und glitschig, dass ich es nicht halten konnte. Ich hatte also sehr viel Glück, sonst wäre ich jetzt wohl schon in Nangijala. Danke übrigens auch an dich, dass du diese Unterschriftenliste unterschrieben hast. Das hat wohl ebenfalls dazu beigetragen, dass man mich jetzt hier bleiben lässt und nicht versucht, mich zu den Plagegeistern zurückzubringen. Das ist gut so.

Ich habe viel nachgedacht in den letzten beiden Wochen, Tony. Über mich, über das Leben hier, was mir alles passiert ist, über Vater und über dich. Über uns Tony, uns als Brüder. Dein Besuch hatte mich so überrumpelt, ich hatte dich noch nicht alles gefragt und auch nicht alles gesagt, was mir durch den Kopf ging. Doch der Reihe nach. Ich glaube, ich gehöre hierher. Hier ist mein Platz. Ich war noch nie so ruhig, Tony, und habe mich noch nie so sicher gefühlt und das, obwohl ich ins Eis eingebrochen bin. Nein, ernsthaft, lieber Bruder. Hier geht es mir gut. Ich bin dir wirklich für vieles dankbar, wärst du damals in Solna nicht für mich dagewesen, wäre ich oft verzweifelt. Und ich weiß, dass du es gut mit mir meintest und ich tapfer werden sollte durch unsere Boxkämpfe. Ich glaube aber auch, dass wir zu weit gingen. Es ist nicht gut, wenn Geschwister aufeinander einschlagen. Irgendwann kippt das und dann geht es schief. So war das auch bei uns, Tony. Da kam der Punkt, da warst du nicht mehr für mich da und dann bist du ausgerastet und ich habe es abbekommen. Du hast mir damals so wehgetan, ich war so gekränkt. Mein Bruder, zu dem ich aufschaute, tat mir das an. Schlug mich blutig und hörte nicht auf, als ich ihn darum bat. Da ist etwas zerbrochen, Tony. So leid es mir tut, aber ich habe wohl mein Vertrauen verloren. Und dass mir dann keiner sagte, wo du bist, wo Vater ist. Ich war so allein, Tony. Ich wurde hin- und hergeschoben und mich hat man einfach nicht gefragt, was ich möchte. Das waren schrecklich harte Zeiten für mich, großer Bruder, und ich hätte so sehr eine Nachricht von dir gebraucht. Hast du dich geschämt? Du hast mir gesagt, Briefe seien schwierig, Tony. Aber ein paar Zeilen von dir hätten mir Halt gegeben. Die Sicherheit, nach der ich mich sehnte. Beim Spaten war nichts mehr sicher und die Plagegeister? Von denen brauche ich gar nichts mehr schreiben. Aber es ist jetzt gut, Tony. Es ist jetzt richtig gut. Du musst dir also keine Vorwürfe machen. Ich dachte aber, dass es gut wäre, wenn du weißt, wie es mir ging. Ich möchte nach vorne schauen, Tony. Ich will nicht sein wie Vater und zurückschauen und darüber jammern. Ich möchte es so machen, wie es mir die Tabaksfrau riet: Es gibt immer eine Wahl, und ich entscheide. Genauso mache ich es, Tony. Meine Wahl fällt auf das Leben bei Lena. Ich entscheide. Und ich werde nicht wie Vater. Ich entscheide. Und ich wünsche mir so sehr, dass du das auch so siehst. Tony, auch du hast die Wahl. Ich weiß, du musst nun erst das Gefängnis hinter dich bringen, doch schon jetzt hast du eine Wahl. Ich würde mich so freuen, dich hier wiederzusehen. Gerne bringe ich dir bei, wie man richtig angelt. Mit dir angeln gehen, Tony, das wäre schön. Das machen Brüder.

Ich freue mich darauf und denke an dich.

Viele Grüße
Dein nicht mehr ganz so kleiner Bruder
Mik

Figurenkonstellation zum fünften Teil – Das Floß

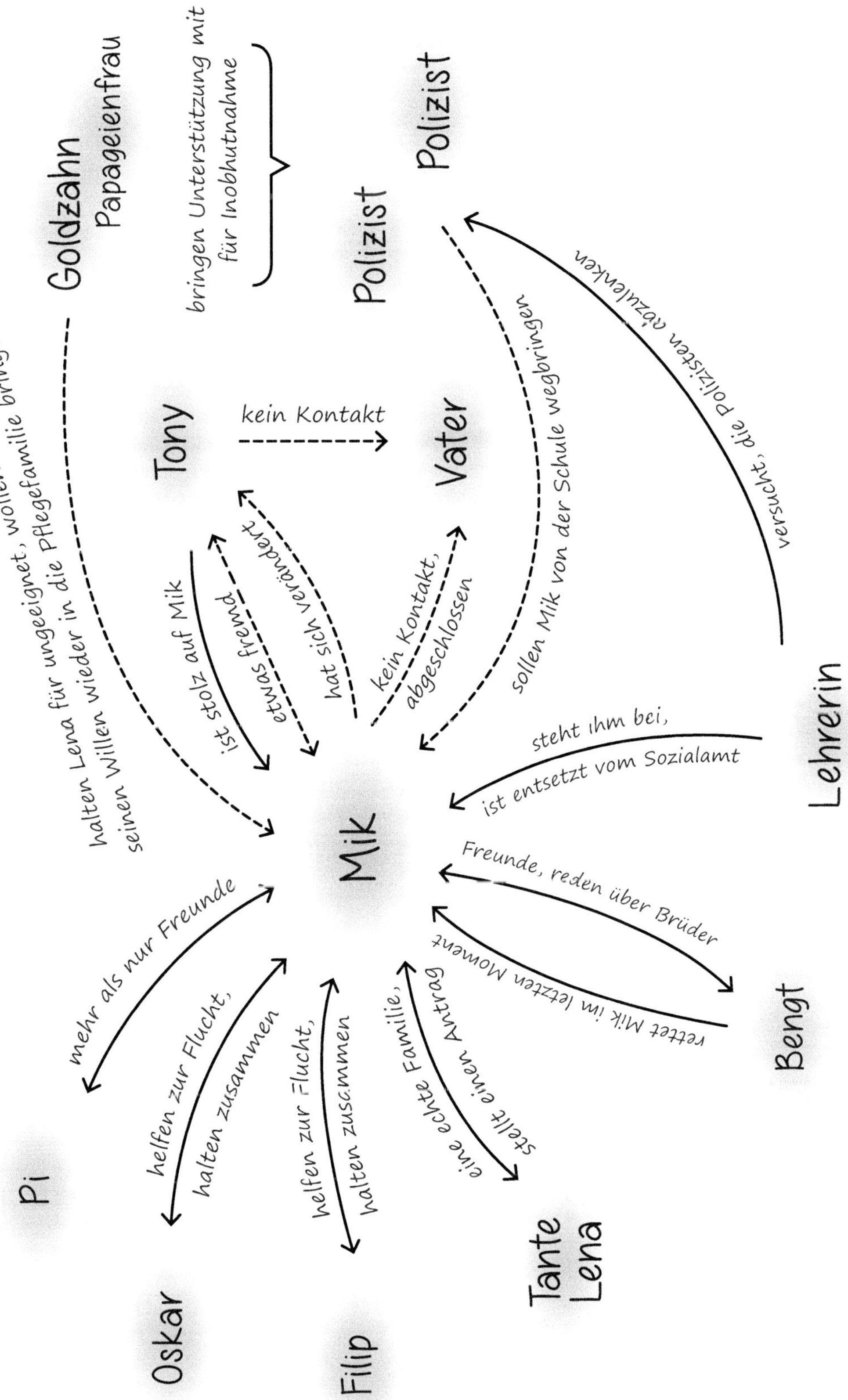

Die Handlung im Überblick

S. 57

Probleme und Folgen in Miks Familie

Mik

Probleme:
- Mutter ist früh gestorben.
- Vater ist arbeitslos und Alkoholiker.
- Sein Bruder ist überfordert damit, die Vaterrolle zu übernehmen.
- Sein Bruder meldet sich nicht bei ihm.
- Seine Tante hat eine schwierige Vergangenheit.

Folgen für Mik:
Er hat kein stabiles Umfeld und wird viel hin- und hergeschickt, obwohl er sich bei Lena wohlfühlt und dort sicher ist.

Tony

Probleme:
- Mutter ist früh gestorben.
- Vater ist arbeitslos und Alkoholiker.
- Er verstößt selbst immer wieder gegen Gesetze.
- Er ist auf Dauer überfordert mit der Aufgabe, auf Mik aufzupassen.

Folgen für Tony:
Er muss seine Straftaten im Gefängnis büßen.

Folgen für Mik:
Sein Bruder kann sich nicht um ihn kümmern, er ist viel allein.

Vater

Probleme:
- Er verkraftet den Tod seiner Frau nicht.
- Er verliert seine Arbeit und wird zum Alkoholiker.
- Als Kind ist er bei alkoholkranken Eltern aufgewachsen und musste die Mutter vor dem betrunkenen Vater schützen.

Folgen für den Vater:
Er verliert die Kontrolle über sein Leben und kann kein Vater mehr sein.

Folgen für Mik:
Er wird enttäuscht, muss sich um vieles kümmern und man schickt ihn viel umher.

Lena

Probleme:
- Als Kind ist sie bei alkoholkranken Eltern aufgewachsen und musste mitansehen, wie ihr Bruder die Mutter vor dem betrunkenen Vater schützen musste. Seitdem mag sie kein Weihnachten mehr.
- Sie hat selbst angefangen, zu trinken, ist aber jetzt trocken.

Folgen für Lena:
Das Sozialamt hält sie nicht für geeignet, dass Mik bei ihr lebt.

Folgen für Mik:
Er muss zur Pflegefamilie und darf nicht bei Lena sein.

Miks Leben in verschiedenen Haushalten

S. 58

Individuelle Lösung

Miks Entwicklung

Mik am Anfang der Lektüre

Aussehen: klein, große Ohren,
Verhalten: etwas unsicher, manchmal wütend (auf die Obdachlosen und „Alkis“); sagt nicht immer die Wahrheit, um keine Aufmerksamkeit zu erregen; tut so, als würde sein Handy funktionieren
Charaktereigenschaften: boxt gerne mit seinem Bruder; schaut zu ihm auf und lässt sich viel gefallen; will ihn nicht verärgern; hängt sehr an ihm
Ängste: Er hasst Hunde und die Einsamkeitsschlange. Er hat Angst, wenn sein Vater so betrunken ist, dass er stürzt und verletzt ist.

Mik am Ende der Lektüre

Aussehen: gewachsen, nicht mehr so klein
Verhalten: ist fröhlich, aufgeschlossen, abenteuerlustig, aufgeweckt, freundlich,
Charaktereigenschaften: selbstbewusst, er weiß was er will, mutig, steht zu seiner Vergangenheit, ist ein guter Freund, hilfsbereit
Ängste: Seine größte Angst ist, nicht bei Lena wohnen zu dürfen, weil er sich hier sicher fühlt. Hunde machen ihm keine Angst mehr.

Das Leitmotiv – die Schlange Einsamkeit

S. 59

➲ Aufgabe

a) z. B.
- S. 29, Z. 4–7
- S. 43, Z. 9–13
- S. 53, Z. 17 f.

c) Individuelle Lösung: Siehe a)
Einsamkeitsschlange mit stacheliger Haut und scharfen, aufgerichteten Schuppen

d) Mik hat offensichtlich großen Kummer und dieser Kummer zeigt sich vermutlich mit Bauchschmerzen und einem schlechten Gefühl im Bauch. Immer wenn ihn etwas stark belastet oder traurig macht, spürt er diese Schlange. Es zeigt im Grunde, dass ihn der Kummer krank macht und er sich deshalb schlecht fühlt.

e) S. 15 / S. 23 / S. 29 / S. 43 / S. 53 / S. 152 / S. 301

Figuren und deren Beziehungen

S. 60

Name:	Mik Backman
Adr./Wohnorte:	Südalang Straße in Solna (Stockholm); Bro – Hundefarm, bei Tante Lena in Selet
Aussehen:	klein und große Ohren; Kleinster der Klasse (5. Klasse)
Familie:	• **Bruder Tony:** beinahe 17 Jahre alt, klaut Computer, kocht für Mik und boxt mit ihm, zahlt Rechnungen, kümmert sich später nicht mehr • **Vater:** Alkoholiker, sehr oft in der Kneipe, kümmert sich nicht um Mik und Tony, dafür sorgt Mik für ihn mit Decke und Kissen, wenn nötig • **Mutter:** verstorben • **Tante Lena:** Schwester des Vaters, bietet ihm Sicherheit und kümmert sich
Schule:	wird beleidigt („Flatterohr"), mag die Schule nicht, statt Unterricht malt er grausame Dinge, macht keine Hausaufgaben, baut Mist, sieht die Schule in Solna als Gefängnis an
Besondere Charaktereig.:	mag keine „Alkis", malt abgetrennte Körperteile, schaut Horrorfilme, ist manchmal aggressiv, schaut gerne *Die Brüder Löwenherz*, wird später mutiger, versucht die Einsamkeitsschlange zu unterdrücken, kümmert sich um Bertil und Bengt
Sonstiges:	sein Handy geht nicht, er tut nur so; mag keine Bitterschokolade; hat anfangs große Angst vor Hunden; kann nicht schwimmen, gibt es aber nicht zu; er hasst das Sozialamt und die Plagegeister; er ist verliebt in Pi; glaubt nicht an Weihnachten

S. 61

Name:	Tony Backman
Adr./Wohnorte:	Südalang Straße in Solna (Stockholm); bei Freunden; im Gefängnis
Aussehen:	blonde lange Haare, blaue Augen, groß, später kurze Haare und Bärtchen
Familie:	• **Bruder Mik:** fünf Jahre jünger; bringt ihm durch Boxtraining bei, seine Wut zu beherrschen; er kümmert sich um seinen Bruder anfangs; sorgt für Essen, später meldet er sich nicht mehr bei Mik, lässt ihn allein, verprügelt ihn und antwortet nicht auf Briefe • **Vater:** Alkoholiker, sehr oft in der Kneipe, muss ihn dort abholen; er mag den Vater nicht • **Mutter:** verstorben • **Tante Lena:** bei der Beerdigung von Mutter gesehen und beim Besuch von Mik
Schule/Beruf:	arbeitet auf einer Baustelle, macht eine Ausbildung, stiehlt PC und anderes
Besondere Charaktereig.:	ist wie ein Vater für Mik, hat aber auch schon gestohlen und kann sich nicht an Gesetze halten; wenn es ihm zu viel wird, verschwindet er; hasst seinen Vater; ist selbstständig
Sonstiges:	Er zeigt Mik Tricks und gibt ihm Ratschläge, wie niemanden die Tür zu öffnen; hat eine Tankstelle mit einer Waffe überfallen; sitzt oft am Computer

Entwicklung der Beziehung zu Mik:
Anfangs ist er der Vaterersatz für Mik, ist dann aber überfordert und lässt Mik in einer schwierigen Situation mit dem Vater allein. Er steht Mik lange Zeit nicht zur Verfügung und lässt ihn lange im Unklaren, was mit ihm ist. Die Beziehung hat sich verändert, ist etwas distanzierter.

Name:	**(Tante) Lena**
Adr./Wohnorte:	Umeå/Selet in Nordschweden
Aussehen:	lange dunkle Haare, große Augen, sieht aus wie unter dreißig, heißere Stimme, sieht schön aus
Familie:	Sie ist Miks und Tonys Tante und hat die beiden das letzte Mal bei der Beerdigung von deren Mutter gesehen. Der Vater der Neffen ist ihr Bruder. Ihre Eltern waren Alkoholiker. Der Bruder hatte sich in ihrer Kindheit an Weihnachten schützend vor ihre Mutter gestellt, als der Vater ein Gewehr auf die Mutter richtete. Fluch der Wiederholung. Sie wird zum Ersatzelternteil für Mik.
Beruf:	Sie ist Gemeindeschwester in Selet und hilft den Dorfbewohnern, wenn sie krank sind oder sich verletzen.
Besondere Charaktereig.:	freundlich und fürsorglich; hat früher viel getrunken; kommt oft unpünktlich; lacht gerne; etwas verrückt und chaotisch; warmherzig; ehrlich; liest gerne; hilfsbereit; mag Mik sehr und weint, als man ihn bei ihr abholt; gibt Mik ein Gefühl der Sicherheit
Sonstiges:	Sie hat eine Weihnachtspsychose; besitzt keinen Fernseher und kein Radio; hat ihren ertrunkenen Hund verbrannt; sie hat Bücher geerbt, die sie verheizt; backt leckere Zimtschnecken; manche halten sie für lesbisch

S. 62

Entwicklung der Beziehung zu Mik:
Mag Mik, behandelt ihn wie ihren Sohn und kümmert sich gut um ihn. Sie ist eine Vertrauensperson für Mik, in ihrer Nähe fühlt er sich wohl.

Name:	**Pi**
Adr./Wohnorte:	Selet
Aussehen:	hat anfangs ein goßes Muttermal unter ihrem linken Auge; lange dunkle Haare
Familie:	wohnt mit ihren Eltern und ihrer dementen Großmutter Hilma in einem Haus; die Familie feiert gerne Weihnachten und schmückt alles sehr farbenfroh; hat viele Familienmitglieder, die gerne zusammen feiern
Schule:	ist beliebt in der Schule, sie sind nur 13 Schüler mit Mik
Besondere Charaktereig.:	sehr lustig, freundlich, mutig, hilfsbereit; würde alles tun, um Mik zu helfen; sie kann gut organisieren und hat einen Plan; sie kann auch sehr ernst sein; ist eine Anführerin; saugt und reibt gerne an Miks Ohrläppchen; mag es nicht, wenn Mik von Louise spricht
Sonstiges:	Hatte früher eine Katzenfabrik, bevor Mik alles ausgeplappert hat. Sie läuft mit den Freunden und Mik weg.

S. 63

Entwicklung der Beziehung zu Mik:
Sie mag Mik wirklich sehr, sie sucht seine Nähe und ist wohl auch etwas verliebt. Sie hört ihm gerne zu und sagt, dass er spannend erzählen kann, sie hat ein echtes Interesse an ihm.

S. 64

Schauplatz Schweden

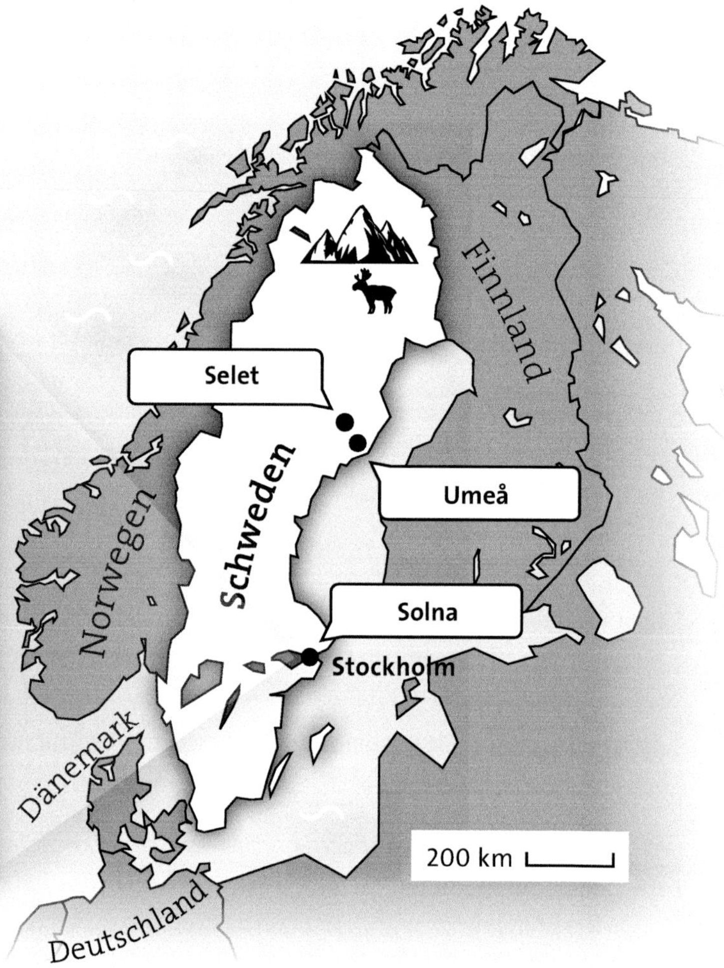

Tag und Nacht

Aufgabe

a)

Hamburg	
21. Juni	17:00 Stunden
21. Dezember	07:26 Stunden

b)

München	
21. Juni	16:01 Stunden
21. Dezember	08:19 Stunden

Lösungsvorschläge zum Schülerdownloadbereich

Gesetzesverstöße und Vergehen

➲ **Aufgabe**

a) **§ 242 Diebstahl:** Mik, als er Schokolade und Cola unbezahlt einsteckt; Katzenfabrik
§ 223 Körperverletzung und **§ 224 Gefährliche Körperverletzung:**
Mik, als er den Obdachlosen am Kopf trifft; Tony, wenn er Mik zu stark boxt
§ 250 Schwerer Raub: Tony, beim Überfall der Tankstelle mit einem Gewehr
§ 263 Betrug: Pi, Filip, Oskar und Mik mit der Katzenfabrik

b) Eine hohe finanzielle Strafe von 50.000 €, da Wölfe unter Naturschutz stehen und die Tötung streng geahndet wird.

Alkoholabhängigkeit

➲ **Aufgabe**

Miks Vater hat viele dieser Begleiterscheinungen, die hier beschrieben werden. Auch er ist oft so betrunken, dass er Gefahren nicht mehr einschätzen kann und sich verletzt, weil er stürzt. Er weint viel, wirkt depressiv und verspricht immer wieder, aufzuhören, kann es aber dann nicht. Er scheint zu einem Entzug weg zu sein, wird aber rückfällig und man weiß am Ende des Buches nicht, was mit ihm passiert ist.

Die Brüder Löwenherz

➲ **Aufgabe**

a) Astrid wurde durch zwei Grabsteine dazu inspiriert, die jeweils Brüdern gehörten, die sehr jung gestorben waren. Nähere Informationen unter:
https://www.astridlindgren.com/de/figuren/die-bruder-lowenherz/geschichten-dahinter-die-bruder-lowenherz

b) Mik hat seine Mutter früh verloren, sie muss gestorben sein, als er noch ein Kind war. Vielleicht tröstet ihn die Vorstellung von einer Welt nach dem Tod, um den Tod der Mutter besser zu ertragen. Außerdem erinnern ihn die Brüder vielleicht etwas an ihn und Tony, die auch so füreinander da sind, solange sie in Solna sind.

c) Er hofft, dass, falls er jetzt sterben muss, es vielleicht so schön ist, wie in dieser Welt.

Aggressionen

➲ **Aufgabe**

a)

	Situationen und Fundstellen im Buch mit Seitenzahl
Tony	S. 29: sagt immer wieder, dass er den Vater hasst und ihn umbringen wird
	S. 41: rastet aus wegen des betrunkenen Vaters, schreit und verschwindet dann
	S. 176: ist immer wütend und kaum noch zu Hause; Mik kann nicht mehr mit ihm reden
	S. 186: schlägt auf Mik ein, so dass dieser blutet und stoppt auch nicht, als Mik darum bittet
	S. 312: Überfall mit einer Waffe
Mik	S. 11: schreit, er hasse alle Alkis und wirft Steine auf die Obdachlosen
	S. 87: schreit Gustavssons Hund an
	S. 95: schmeißt einen Eisbrocken nach Gustavssons Hund
	S. 170: trifft mit einem Eisball in das Auge von Gustavssons Hund
Vater	S. 25: beleidigt und schreit die anderen Gäste im *Pirat* an
	S. 52: beleidigt den Busfahrer; in diesem Bus sitzt auch Mik mit seiner Klasse
	S. 180: schreit Mik an, dass er sich nicht als Polizist aufspielen soll
	S. 184: wird wütend und handgreiflich, wenn er Schnaps trinkt
Rikard	S. 214: faucht Mik wegen seines Verhaltens am Frühstückstisch an
	S. 216: als Mik schlecht wird, reißt er dessen Kopf an den Haaren hoch und zeigt kein Mitgefühl
	S. 242: macht Mik für den Tod von Jasack verantwortlich und nennt ihm seine Aufgabe; dabei wirkt er angsteinflößend
Niklas	S. 199: schießt grundlos große Vögel ab
	S. 207: weiß um Miks Angst; setzt ihn unter Druck im Hundehaus, dass dieser vor Angst in die Hose macht
	S. 224: gibt Mik statt Wasser Essig zu trinken
	S. 225: verlangt von Mik, eine Dose zu halten, auf die er schießen möchte
	S. 243: erschießt eine Sperbereule und wirft sie ins Grab zu Mik
Louise	S. 200: ist abfällig und patzig bei der Ankunft von Mik
	S. 215: motzt ihn an, weil er durch ihre durchsichtige Bluse ihre Brüste zu lange anstarrt
	S. 219: lässt ihr Pferd direkt vor ihm halten, schwingt die Reitpeitsche und sagt Mik, er solle ersaufen
	S. 230: peitscht Mik aus, weil er sie nackt gesehen hat und weint dabei

b) Individuelles Ergebnis

c) Individuelles Ergebnis